故事里的中国历史

Gushi li de Zhongguo Lishi

路樊 编著

秦

民主与建设出版社
·北京·

图书在版编目（CIP）数据

故事里的中国历史 . 3, 秦 / 路樊编著 . -- 北京：
民主与建设出版社，2022.12

ISBN 978-7-5139-4029-0

Ⅰ . ①故… Ⅱ . ①路… Ⅲ . ①中国历史—秦代—青少
年读物 Ⅳ . ① K209

中国版本图书馆 CIP 数据核字（2022）第 212690 号

故事里的中国历史 · 秦
GUSHI LI DE ZHONGGUO LISHI QIN

编　　著	路　樊	
责任编辑	郝　平	
封面设计	书心瞬意	
出版发行	民主与建设出版社有限责任公司	
电　　话	（010）59417747　59419778	
社　　址	北京市海淀区西三环中路 10 号望海楼 E 座 7 层	
邮　　编	100142	
印　　刷	唐山楠萍印务有限公司	
版　　次	2022 年 12 月第 1 版	
印　　次	2023 年 2 月第 1 次印刷	
开　　本	880 毫米 × 1230 毫米　　1/32	
印　　张	5	
字　　数	75 千字	
书　　号	ISBN 978-7-5139-4029-0	
定　　价	358.00 元（全 10 册）	

注：如有印、装质量问题，请与出版社联系。

目录
Contents

第1章　秦国的发家史

第 2 章 秦王嬴政的铁腕行动

第3章 诸侯国最后的"哀鸣"

第4章 秦始皇的帝王岁月

第 5 章 颠倒黑白的秦宫

第6章　大秦走到了终点

秦

公元前 905 年—公元前 221 年为诸侯国秦国时期
公元前 221—公元前 206 年为秦朝时期

秦国历程

秦非子时封秦地

公元前 905 年，秦非子因养马有功而被周天子赐封秦地，成为秦始封君。

秦襄公时封诸侯国

公元前 770 年，秦襄公派兵护送周平王东迁，而被封为诸侯。

秦穆公称霸西戎

公元前 623 年，秦军吞并二十多个西戎小国，秦穆公称霸西戎。

商鞅变法

公元前 356 年和公元前 350 年，秦孝公任用商鞅先后两次进行变法，使秦国实现变法图强。

•••• 秦始皇统一天下 ••••

公元前 221 年，秦灭掉六国，从此完成统一大业。首个多民族的中央集权封建国家建立。

•••• 秦朝灭亡 ••••

公元前 207 年，秦王子婴向刘邦投降，秦朝灭亡。

秦国历程

第**1**章
秦国的发家史

有言在先

  约公元前 900 年，秦人始祖秦非子凭借出色的养马技术，而被周天子赐封秦地，由此开启了秦国的发家之路。在这之后，秦非子的子孙们持续传递梦想的"接力棒"，将祖业不断发扬光大：秦襄公被封诸侯、秦穆公称霸西戎、秦孝公变法图强、秦献公时秦国再度崛起、秦始皇统一六国……尽管秦国在前行路上跌过跟头，走过下坡路，但秦人不断在跌倒中爬起，纵横于金戈铁马的纷乱时代，崛起于腥风血雨的烽烟大地。秦国，也最终成为战国末期的一匹"黑马"。

故事万花筒

养马养出个诸侯国

故事主角：秦非子

故事配角：周孝王、申侯等

发生时间：约公元前 900 年—公元前 858 年

故事起因：秦国的祖先秦非子善于养马，而被周孝王赐封秦地

故事结局：秦非子成为秦国始封君，从此建立了秦国七百年的基业

　　传说秦人的祖先名叫大业，是五帝之一、黄帝之孙颛顼（zhuān xū）的孙女吞了玄鸟掉落的鸟蛋而生下的。大业的儿子名叫大费，曾帮助大禹治水而立下大功，受到帝舜的嘉奖。后来大费为帝舜驯养鸟兽，经过他训练的鸟兽都很听话温驯，于是帝舜赐姓嬴氏。

进入周朝以后，造父由于善于驾车而得到周穆王的宠信，并且在徐偃（yǎn）王之乱中为周穆王驾车，一日之间奔驰千里，终于及时平定了叛乱。为了表彰造父的功绩，周穆王将赵城封给了造父，从此造父这一族就改为赵氏，成为后来赵氏的祖先。

而居住在犬丘的非子是嬴姓的另一族裔（zú yì；宗族的后代），他喜欢马和家畜，尤其擅长蓄养和训练马匹。有一年，周孝王前往巡视马匹饲养情况，从牧场中一位犬丘人那里得知，非子特别会养马，马只要一经他手，就会长得又肥又俊。周孝王立即命养马的小臣带非子来见。周孝王问到养马之道，非子对答如流，对于马匹的调养、训练、繁殖和疾病防治等，都说得头头是道。周孝王听后十分高兴，于是便让非子到汧（qiān）水、渭水之间主管马匹。

在非子的精心照料下，没过几年时间，马匹数目大大增加，而且养的马雄峻无比。周孝王十分满意，因此便想奖赏他，周穆王找来了申国的国君申侯，与他商量将非子立为大骆国的继承人。

大骆是造父那一支赵氏的后代，申侯的女儿是大骆国国君的妻子，她的孩子是大骆国的继承人，申侯自然不希望养马的非子取代自己的外孙成为大骆国的继承人。于是申侯对周孝王说："当年我的祖先将女儿嫁给了西戎族的胥（xū）轩为妻，生下中潏（yù），所以有亲戚关系，而中潏归顺周朝，保卫西部边疆，西部边疆因此和睦太平。如今我又把女儿嫁给大骆国国君，生下继承人赵成。申骆联姻，西戎归服，所以您才坐稳了王位。您还是再考虑一下吧。"

周孝王听了此话，为了西部边疆的安定，不好强行废掉申侯的外孙赵成改立非子。他只好对申侯说："从前伯益为帝舜主管畜牧，牲畜繁殖得很多，因此得到了土地的封赏，并赐姓嬴。现在他的后人也为我饲养马匹，那么我也照先例分封给他土地作为大周的附庸。"于是便将秦地封给了非子做封邑，命他延续嬴姓的祭祀，称之为秦嬴，从此建立了秦国 700 年的基业。

秦襄公是个"暴发户"

故事主角：秦襄公

故事配角：周平王

发生时间：公元前 770 年—公元前 766 年

故事起因：周平王要迁都到洛邑，需要诸侯国军队的保护

故事结局：秦襄公因护驾有功，而获得诸侯之位和岐山以西的土地

公元前 770 年，周平王想将都城迁到洛邑。但迁都是个大事，绝不同于平常百姓的搬家。一个国家迁都，决不能偷偷摸摸地进行，必须光明正大行事。但光明正大就必然要冒风险，而此时正值周平王统治力最脆弱的时候，因而只能借助诸侯国的力量。

为保障顺利迁都，当时的诸侯国晋国、郑国等大国都对周平王伸出了援助之手，各派出军队护送周平王。而在护送队伍中，还有一支力量很弱、也不太起眼的军

队——秦军。

当得知周平王准备东迁的时候，秦襄公主动派出一支军队，将周平王小心地送到了新都洛邑。事实证明，秦襄公是聪明的，因为护送有功而得到赏赐，秦襄公也彻底成了"暴发户"。

在封赏中，周平王封秦襄公为诸侯，这意味着秦人自非子获得秦地后，终于能自豪地称自己的地方为国了。其次，周平王还赏给了秦襄公岐（qí）山（今陕西宝鸡）以西的土地。

此时，秦襄公名利双收，喜不自胜，秦人先祖在秦地的惨淡经营也终于有了回报。

让秦襄公如此高兴的，不只是诸侯的显赫地位，还有岐山这块肥沃的土地。岐山是周王室兴起的故土，也是当时农业最发达的地区之一。肥沃的土壤和温和的气候，再加上数百年累积下来的各种经验，都使得拥有这块土地的主人足以傲视关中。

但天上不会掉馅饼，秦襄公虽然得到了岐山，但这块风水宝地还握在戎狄的手里。周平王封秦襄公为诸侯，并赏赐关中之地，目的也是借助秦襄公的力量，控制这一地区的骚乱，巩固周土。

　　当初秦襄公刚刚即位时，力量还不及犬戎，为了获得稳定的生存，秦襄公只能采取和亲的政策来麻痹（bì）

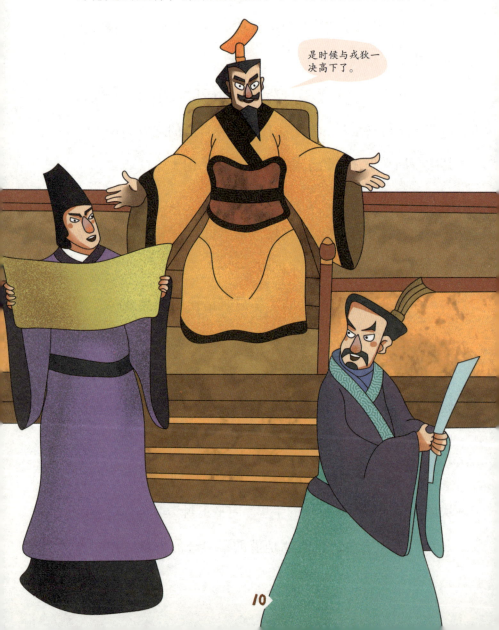

犬戎。而今非昔比，秦襄公已经位列诸侯，关中之地也全部归他所有。事态到了这一步，秦襄公的首要任务就是夺回岐山的控制权。

当周天子被郑国打败，诸侯国开始了争霸之时，秦襄公也看到了争霸的机会，而最先要做的，就是夺得自己的关中封地。

愿望虽美好，现实却是残酷的。公元前 766 年，秦襄公带兵第一次突破了战局，占据了岐山大片土地，但不久后便得而复失，空欢喜一场，而秦襄公也在征伐戎人的路上死去。直到秦襄公的儿子秦文公即位后，才攻下了秦襄公期盼已久的岐山之地。

秦襄公虽然走了，但秦襄公用 12 年的时间将秦地从一个地方小势力推进了诸侯国的行列，并将所占土地大大扩展。同时，也是在秦襄公的时候，秦人展露了他们的野心，将目光从戎狄转移，投向了更远更大的东方大地。秦襄公带领秦人完成了一次巨大的翻身，秦人的历史开始改写。

东方不亮西方亮

故事主角：秦穆公

故事配角：晋襄公、孟明视、西乞术、白乙丙、由余等

发生时间：公元前 627 年—公元前 623 年

故事起因：秦穆公想称霸中原，与晋国交战几次，东进之路被封死

故事结局：秦穆公最终选择进攻犬戎，很快成为西北霸主

年轻时的秦穆公，怀有称霸中原的远大梦想。公元前 627 年，秦国和晋国彻底闹掰。晋文公一死，秦穆公便逮住机会消灭了滑国，彻底动了晋国的"奶酪"。滑国本是晋国的附属国，一听附属国被灭了，晋襄公气得脸红脖子粗，迅速派兵前往崤（xiáo）山打伏击，并且俘虏了秦国的孟明视、西乞术、白乙丙三位大将。

秦穆公这一次"偷鸡不成反蚀把米"。当孟明视、西乞术和白乙丙三人侥幸逃回时，秦穆公身穿丧服，亲

自到城外迎接他们。秦穆公说："我不听百里奚、蹇叔的话，使你们受到了屈辱，你们一定要发奋雪耻。"这之后，秦穆公让他们三人官复原职，更加器重他们。

经历了上次的失败，秦穆公心有不甘。公元前626年，秦穆公派孟明视等将领再次率兵大举攻打晋国。晋国国君早有预料，备战的事也从来没有放松，见秦国来攻，就派出大军迎战。两军相逢，一番激烈厮杀，秦军又被教训了一顿，只好逃回秦国。

又过了两年，孟明视认为找晋军报仇的时候到了，他请求秦穆公御驾亲征。在做了精心的准备之后，秦穆公、孟明视率大军浩浩荡荡地杀奔晋国。秦军渡过了黄河，孟明视下令烧毁渡船，表达了不取胜就不活着回来的决心。秦军一路势如破竹，趁机攻下晋国的王官和郊地，然后渡过黄河，进入崤山山谷中，掩埋了当年战死将士的尸骨。

王官之战后，吃了大亏的晋襄公，下令全国封锁，彻底遏制了秦人东进的势头。面对晋国的封锁，秦穆公已经找不到见缝插针的机会，原定进攻东方的计划就此泡汤了。年迈的秦穆公，觉得留给自己的时间不多了。

他琢磨来琢磨去，准备换一个对手——一群捣乱的戎人。

当时西北的土地上生活着许多戎狄部族，时常侵扰秦国，令秦人不堪其扰，很是头疼。此时的秦穆公将刀戈指向犬戎，意在拿下面积庞大的犬戎土地。

公元前 623 年，秦穆公通过投奔来的由余，了解了犬戎各国的山川形势、兵力部署，并任用由余为谋士，带着秦军直入绵诸（西戎诸部落中较强的国家）。当时的绵诸王听说秦军来袭，立即调兵遣将准备迎击。可是秦军速度之快，令绵诸兵士措手不及。秦军三下五除二便打得绵诸军队毫无招架之力。绵诸王只好乖乖地投降秦国。

绵诸王被俘的消息传遍了整个犬戎，犬戎各部族见秦人势头正猛，也就不再抵抗，纷纷接受了秦军的招降。就这样，在不到一年的时间里，秦军便成功降伏了二十多个小国，扩地千里，奠定了秦国土地的大致雏形。

秦穆公称霸犬戎，使其成为西北独一无二的"王"，为自己的晚年交了一份不错的答卷。

打出了翻身仗

故事主角：秦献公

故事配角：太史儋

发生时间：公元前 374 年—公元前 362 年

故事起因：秦献公想成为新一代霸主，因而发动对外战争

故事结局：秦献公在战争中三出三胜，成为秦国再度崛起的奠基人

　　公元前 374 年，秦献公接见了周烈王派来的使节太史儋（dān）。太史儋暗示秦献公，希望秦献公能扛起尊王的大旗，在扶助周王室的同时，让自己成为新一代的霸主。听到这里，秦献公的心痒了起来。

　　就在同一年，在太史儋的鼓励下，秦献公随即派兵进攻了韩国。可是，秦献公的首次用兵竟遭受了当头一棒，惨败而归。这之后，秦献公又足足**蛰伏**（zhé fú；潜伏；隐蔽）了八年之久。在这八年里，秦襄公在国内推行变法，

试图让秦国再次强大。

在哪里跌倒，就在哪里爬起来。公元前366年，在败于韩国的八年后，秦献公再次派兵东进，准备扬眉吐气一回。当军队来到了洛阴之地时，秦军遇到了韩魏联军。联军就在面前，秦献公必须把握这个时机。如果兵败，国内百姓对自己将会失去信心；如果大胜，自己将争取到更多的信任，从而进一步实现目标。

在此战中，秦献公将决心和信心化成了力量，最后率领秦军成功击败了韩魏联军。这次胜利在秦国国内引起了轰动，秦人们在秦献公大败韩、魏的军队中看到了变法的效果，也看到了秦国复苏的希望。

当秦国上下还沉浸在喜悦之中时，公元前366年，秦献公再次领兵伐魏。秦军深入魏国的腹地，在石门（今山西省运城西南）大败魏、赵的军队，斩敌六万。石门大战是秦国对魏所取得的前所未有的大胜利。秦献公还将获得的土地献给了秦国的贵族，从而缓冲了贵族们对变法的抵触心理。这场大胜也轰动了秦、魏两国，同时震惊了周王室。为此，周显王派出了使节前往秦国祝贺。

获得周王室的支持后，秦献公更大胆了。公元前362

年，晋国国内又发生了内乱。秦献公看准了这个机会，再次出兵攻魏，最后在少梁（今陕西韩城南）大败魏军，俘虏魏军统帅公孙痤（cuó），并成功收复了大片土地。

秦献公三出三胜，似乎意味着秦国的实力已经在魏国之上。其实不然，当时的魏国多面临敌，自然无法全身心对付秦国。同时，魏国内部因为公叔痤等人的相争行为，致使军事行动难以一致，最终才难逃败亡的命运。因此，秦国能胜，一方面有自身改革的功劳，另一方面也正值魏国处于多事之秋。

少梁之战后不久，秦献公便带着未能继续发展秦国的遗憾离开了人世。秦献公作为一个出色的政治家，他的出现为秦国带来了一个转折点，顺利终止了秦国沦落的脚步，成为秦国实现再度崛起的奠基人。

三十年河东，三十年河西

故事主角：秦惠文王

故事配角：秦惠公、公孙衍等

发生时间：公元前 389 年—公元前 330 年

故事起因：魏国曾在与秦国的战争中夺得了河西之地

故事结局：秦惠文王两次出兵攻打魏国，最终夺回了河西
之地

　　河西之地与秦国仅仅一河之隔，也是秦国通往中原的门户，而河西重镇阴晋更是重中之重，秦国要想实现进入中原的野心，必须占据阴晋，乃至河西之地。为了这片土地，秦国与魏国斗得死去活来。

　　公元前 389 年，秦惠公壮志满怀，准备大展身手。他调集 50 万大军，开往的目的地，就是河西重镇阴晋。但让秦惠公意想不到的是，魏国竟然以五万兵力，就把秦国的数十万大军打得溃不成军，魏军成了赢家。

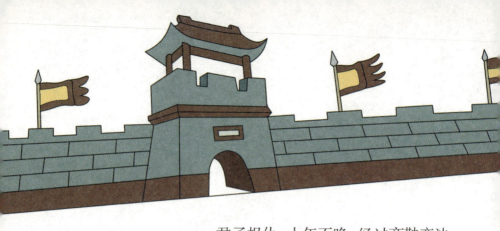

君子报仇，十年不晚。经过商鞅变法，秦惠文王时，一个强大的秦国迅速崛起。此刻，攻取河西之地便成为当务之急，只有早日拿下河西，才能够走出蜗居西北的"魔咒"，走向中原大地，最终完成一统天下的大业。

而此时的魏国，已不复当年霸气，经过马陵之战，与齐国交兵，魏国元气大伤，正处于内外交困的境地。

面对这样的好机会，秦惠文王当然不会错过。公元前333年，秦军整装待发，秦惠文王命公孙衍（yǎn）领兵，大举进攻魏国。公孙衍号令一发，秦军便气昂昂地往关外冲去。

作为昔日大国的魏国，再也雄壮不起来了，多年的战争已经让它筋疲力尽了，与齐国的较量更让它走到了穷途末路，再也无力与强秦抗衡。

公孙衍带兵往魏国气势汹汹而去，魏军不能抵挡秦军的强大攻势，只好举手投降，在割地等条件的威逼利诱下，秦魏修好。魏国将阴晋割让给秦国，秦国很是高兴。

阴晋乃是河西重镇，秦以此为依托，攻打魏国夺取河西，便轻而易举了。河西一旦落入秦国手中，那么向东扩张的梦想也就指日可待了。

公元前330年，公孙衍再次领兵攻打魏国，魏国押上了全国的兵力——不过八万多士兵，在与秦军作战中，竟有一半被杀，他们的主帅龙贾被俘。魏军群龙无首，一击即溃，秦军很快便取得了最终的胜利。

没有招架之力的魏国再次求和，代价是全部的河西之地，至此，河西之地终于回归秦国，秦国自此打开了中原的通道门户，距离梦想渐行渐近。

"一命呜呼"的秦武王

故事主角：秦武王

故事配角：乌获、任鄙、孟贲等

发生时间：公元前 307 年

故事起因：秦武王天生神力，最喜欢与人玩拼力气的游戏

故事结局：在与孟贲比试举鼎时砸到脚上，终因失血过多而气绝身亡

公元前 311 年，秦惠文王死了，儿子嬴荡即位，是为秦武王。秦武王是个重武好战的人，在位期间，他先后平蜀乱、拔宜阳、置三川，在秦国的发展史上留下了辉煌的功绩。

但秦武王有个特点，他天生有神力，从小就喜欢与勇士们玩有关力气方面的游戏。乌获、任鄙（bǐ）二将在秦惠文王时因作战英勇而倍受宠爱，秦武王即位后，对二人更是宠爱有加。

齐国有个名叫孟贲的人，凭借力气大而闻名于乡里。他听说秦武王正在招募天下的勇士，于是就前往秦国投奔秦武王。秦武王也拜他为大官，令其与乌获、任鄙一起受宠。

公元前307年，有一天，秦武王与任鄙、孟贲二人来到太庙，见几个大鼎在大殿中依次排开，很是壮观。见到梦寐以求的九鼎，秦武王忍不住上前抚摸，仔细观看。这鼎倒还精致，秦武王试探性地一推，竟然丝毫未动，秦武王再用两手使劲一推，仍旧未能推动半分。

恰逢任鄙、孟贲二人在身边，秦武王比力气的劲头上来了，秦武王走到一个鼎前，转身问身边二人，谁能将它举动？太庙看守鼎的人见状，不禁偷笑，这鼎重达千钧（钧，古代重量单位，一钧是三十斤），自从存在以来，就没听说过以一人之力将它举起的。

任鄙熟悉秦武王的脾气，知道他争强好胜。任鄙便婉言说，自己只能举起百钧重，这鼎看似有千钧，是万万举不起来的。孟贲却不管这一套，走到鼎前，挽一挽袖子，一掀衣服，便上阵了。

孟贲抓住鼎两侧的鼎耳，闭目调试气息，深吸一口气，大喊一声，只见那鼎徐徐离地，竟然有半尺高。孟贲面红耳赤，再也不能支撑，鼎重重落下，而孟贲也差一点瘫坐在地上。

孟贲喘息未定，秦武王便跃跃欲试。然而，任鄙及随从说破了嘴皮，秦武王仍旧不听，只见他走到鼎前，一个马步抱住大鼎，却发现锦袍碍事，便又站起来，将

外面的袍子脱掉，将腰中带子扎紧，袖子上挽，再走到鼎前，下蹲，抓住鼎耳，动作一气呵成。

秦武王大吸一口气，丹田已经充满了力道，只见他使出浑身的气力，终将那鼎举起半分，身边人不禁拍手称好。举起大鼎，秦武王仍旧不满意，他的目标是举着大鼎走几步，怎料这个心思却让他搭上了性命。

秦武王举起大鼎后，已经体力不支，怎奈好胜心作祟，他偏要举着鼎挪动步伐。忽然间，就听到了秦武王"啊"的一声惨叫。原来，体力不支的秦武王身子一歪，鼎随即落下压在了自己的脚上。

一片慌乱之中，鼎被移开，只见鼎下的脚血肉模糊，见者无不心痛。秦武王昏死过去，太医迅速赶来，只是已经晚了，秦武王终究因失血过多而气绝身亡。本是欢欢喜喜来到洛阳，却在一片哀声之中丧命。

醒木一响，评书开场！
品茶听书，为你讲述有滋有味的大秦传奇；
真真假假，权且当茶余饭后的谈资……
今天，我要给大家讲的是——九鼎的传说！

九鼎的传说

在古代，有些地方经常有猛兽和鬼神妖怪出没。禹在治水的过程中走遍了九州万国，对各处的鬼神妖怪都有了解，他决定将这些妖怪的形象铸造在宝鼎上。人们只要看到宝鼎上的图案就知道哪一方有什么样的妖怪，以提前做好准备。

禹把这个想法告诉了大臣们。大臣们一听都赞成禹的作法。于是，禹下令四面八方的诸侯都要贡献铸鼎需要用的铜、铁等金属。原材料收集齐了之后，禹就选择在黄帝曾经铸鼎的荆（jīng）山脚下，铸造了九口巨大的宝鼎。禹让工匠在鼎的表面刻上九州万国恶毒的猛兽和鬼神妖怪的形象。过了九九八十一天，宝鼎终于铸好了。这宝鼎非常大且重，一个宝鼎要很多人才能拉得动。

禹还将大鼎放在官殿的外面，任百姓随意参观。从此以后，百姓们只要出远门，就会来大鼎前看一看，知道哪一方有哪一类妖怪，准备好应对的方法，就再也不用怕旅途中遇见猛兽和鬼神妖怪了。

可是，大鼎一代一代地传下去，被帝王们珍藏在宗庙中，成为王权的象征。

春秋时期，楚庄王带兵攻打别国，正好路过周天子的都城。周王就派一个大臣王孙满去慰问楚庄王。在酒席间，楚庄王向王孙满打听宝鼎。结果楚庄王被这位大臣讽刺了一顿，碰了一鼻子灰。

到了战国末年，这九个宝鼎被秦昭襄王掠了去。在运宝鼎回秦国的途中，一个宝鼎忽然腾空而起，一直向前飞。飞啊，飞啊，一直飞向东方的泗（sì）水，掉到里面不出来了——到手的九个宝鼎就剩下了八个。

吞并六国后，秦始皇非常迷信长生不老之术，他派人到海外去寻找神仙。派出的人没有找到神仙，回来路过泗水的时候，想到还有一口宝鼎落在水中。秦始皇就派人去打捞，可是鼎打捞上来之后又掉回到泗水中去了。秦始皇不甘心，又派人去打捞，结果什么也没捞到。

现在，山东嘉祥武梁祠（cí）的壁画里，还有关于秦始皇派人

到泗水打捞宝鼎的图画。在图画中，人们已经把一口宝鼎拉出水面，可是，鼎内忽然钻出一条龙，将拉鼎的绳子咬断。拉鼎的人全都跌倒在地上，鼎又回到了水里。图画里表现的就是绳断的那一刹那。

知识补给站

中国的姓氏起源是怎样的?

姓氏的起源可以追溯到人类原始社会的母系氏族时期，所以中国的许多古姓都是女字旁或底。姓氏最早起源于部落的名称或部落首领的名字。它的作用主要是便于辨别部落中不同氏族的后代，便于不同氏族之间的通婚。中国上古八大姓：姬、姚、妫（guī）、姒（sì）、姜、嬴、姞（jí）、妘（yún）。

"石鼓文"是一种怎样的文字?

石鼓文，也称猎碣，是中国最早的石刻文字。唐朝时候，人们在陕西凤翔发现了战国时代石刻文，冠之以"石刻之祖"的名号。石鼓文所记录的是描述秦国国君游猎的 10 首四言诗，分别刻在 10 个鼓形的石头上，所以人们将它们叫作"石鼓文"。

秦国和魏国争夺的河西地区，是今天的什么地方？

河西亦称西河，系古地名，是指今陕西东部黄河与北洛水之间东西窄短、南北狭长的广大地区，包括今天的陕西省韩城、合阳、澄城、大荔、华阴等地。这里是关中平原最为开阔的地带，土地肥沃，物产丰富，自古就是农业发达的地区，也是兵家必争之地。

你知道夏、商、周的九鼎代表着什么吗？

九鼎，是王权至高无上、国家统一昌盛的象征。据说，夏朝的建立者大禹将天下划分为九州，即荆、梁、雍、豫、徐、青、扬、兖、冀九州，以各州进贡的青铜分别铸成了九个鼎。一个鼎象征着一州，九鼎乃是九州，也就是整个中国。夏、商、周三代，九鼎代代相传，成为象征国家权力的传国之宝。

第 2 章
秦王嬴政的铁腕行动

有言在先

　　秦王嬴政13岁登上君王宝座，但人微言轻，处境尴尬，被仲父吕不韦挤到了权力圈之外。在丞相之位上，吕不韦的功劳一件接着一件，已然功高盖主。这还不算，吕不韦还没少做荒唐事。久而久之，秦王嬴政很不满，他感到吕不韦如一把利剑悬在自己头上。

　　当假宦官嫪毐叛乱时，秦王嬴政不再沉默，正式亮出他的"铁腕"，将嫪毐及其余党连窝端掉。接着，秦王嬴政快刀斩乱麻，彻底掀翻了吕不韦的相位，吕不韦自杀而亡。秦王嬴政从此将国家大权牢牢地握在自己的手中。

最会"做买卖"的商人

故事主角：吕不韦

故事配角：嬴异人、华阳夫人等

发生时间：不详

故事起因：商人吕不韦在邯郸遇见嬴异人，便将其视为获利对象

故事结局：吕不韦说服了嬴异人和华阳夫人，嬴异人被立为太子

    吕不韦本是走南闯北、坐拥千金的商人。一次，他来到了邯郸做买卖，机缘巧合之下，竟遇到了秦国国君的孙子嬴异人。此时，苦命的嬴异人因其母亲不受宠，被当作秦国的人质送到了赵国邯郸。因为秦国与赵国打来打去，赵国对嬴异人的待遇自然好不到哪儿去。

吕不韦一见嬴异人，就觉得他气度非凡，经过打听，才知道他是秦国的质子。此时的吕不韦感受到了命运的眷顾，他觉得嬴异人就是最值得投资的"奇货"。

　　于是，吕不韦便前往拜会嬴异人。见面后，吕不韦说道："你如果依靠我，就一定能够光大你的门庭。"嬴异人笑着说："你要光大我的门庭？依我来看，你需要先光大自己的门庭才行呢。"吕不韦进一步说道："我的门庭固然要光大，但这一切都得依靠你才能够达成。"

　　吕不韦接着说："现在秦国国君老了，安国君必然会成为国君继承人。华阳夫人是安国君最宠幸的妃子，却没有自己的孩子，眼下公子的兄弟多达 20 多人，公子又排行居中，而且长期被留在这里当人质，安国君继位，公子拿什么去和别人争夺太子大位呢？"

　　嬴异人问道："先生说得没错，但如何才能够挽救危局呢？"

　　吕不韦说："在下家有千金，只要拿着这些钱前去秦国游说，侍奉好安国君和华阳夫人，将来的太子大位，就一定是公子的了。"

　　嬴异人喜出望外，于是向吕不韦打了包票，等将来自己坐上太子大位，甚至成为秦国国君，愿意和吕不韦共同享有秦国的权力。

吕不韦回家后，将一千金拿了出来，并分为两份，每一份为五百金，分别用于嬴异人结交宾客和自己购买珍奇玩物。吕不韦到了秦国，首先拜会了华阳夫人的姐姐，通过她，吕不韦很顺利地见到了华阳夫人，并把珍奇物品献给了华阳夫人。

吕不韦说嬴异人聪明贤能，遍交诸侯宾客，还常常说"我异人把夫人看成亲母一般，日夜哭泣思念太子和夫人"。华阳夫人非常高兴。吕不韦又让华阳夫人的姐姐劝说华阳夫人："现在夫人被太子宠爱，却没有儿子，不如在太子的儿子中结交一个有才能且孝顺的人，立他为继承人，将来才有所依靠。夫人若提拔异人为继承人，那么您一生在秦国都要受到尊宠。"华阳夫人答应了此事，嬴异人很快被立为太子。

公元前257年，秦昭襄王派秦军围攻邯郸，情况非常紧急，赵国想杀死嬴异人。嬴异人就和吕不韦密谋，拿出六百金送给守城官吏，他们才得以逃到秦军大营，最终顺利回国。

公元前 249 年，嬴异人继位，是为秦庄襄王。秦庄襄王尊奉华阳王后为华阳太后，生母夏姬被尊称为夏太后。他任命吕不韦为丞相，封文信侯，以河南洛阳十万户作为他的食邑，一代商人吕不韦就这样摇身变成了大秦丞相。

政治舞台上的"大玩家"

故事主角：吕不韦

故事配角：嬴政

发生时间：公元前 247 年—公元前 238 年

故事起因：十三岁的嬴政被立为秦王，吕不韦独擅大权

故事结局：吕不韦进行了一系列促进秦国发展的改革，秦
国日益强大

公元前 247 年，刚刚执政三年的秦庄襄王突然离世，13 岁的嬴政被立为秦王。由于嬴政年少，国政大权都由丞相吕不韦把持。嬴政不得不尊吕不韦为仲父。

在吕不韦掌政的时候，秦王嬴政便对这个仲父满怀不快。一来，是因为吕不韦的擅权行为在秦王嬴政眼里实属大逆不道，在他的威慑下，秦王嬴政好像一个被捆缚的孩子一样，丝毫不得动弹。但秦王嬴政还羽翼未满，根本不是吕不韦的对手，只能委曲求全。但不管怎样，吕不韦以商人那八面玲珑的手段来治理国家，竟也使秦

国变得越来越强大。

先秦盛行这样的风气：名士所养门客人数越多，越说明名士声誉高。比如楚国春申君，赵国平原君，齐国孟尝君，魏国信陵君，他们都是礼贤下士、求贤若渴的政治名人，在列国间享有极高声望。对此，吕不韦一直心有不服。吕不韦心想，秦国是当时最强大的国家，却没有一个人的名声能超过这四位公子。因此，不服输的吕不韦决定通过"照葫芦画瓢"来让人们明白，秦国也是个喜爱名士的国家。吕不韦很快向天下发出了招贤令，并给他们以优厚的待遇。结果，招贤令一出，吕不韦的门客很快便达到三千之多。

于是，吕不韦命他们将自己的所见所闻记下，然后将这些见闻综合在一起，编成了一部辉煌的集体创作的书籍，这便是著名的杂家经典《吕氏春秋》。

《吕氏春秋》编成后，吕不韦非常得意，觉得自己完成了一件传承千古的伟大壮举。为了向人们展示成就，吕不韦便将整本《吕氏春秋》刊布在咸阳的城门前，然后在旁边悬挂一千两黄金，之后遍请各国的游士宾客，若有人能增删一字，就给予一千金的奖励。

当然，吕不韦的贡献不仅仅只有文学这方面。除此之外，在军事上，吕不韦消除了秦国多年的恶战，以兴义兵的思想安抚了秦国多年战争所造成的伤；在水利方面，吕不韦主持修建了郑国渠，大大发展了秦国的农业；在内政上，吕不韦成功调整了统治集团内部的关系，又施加恩惠于百姓，为秦国的国内安定争取了条件。

　　在吕不韦的精心治理下，秦国保持着快速的发展势头，为之后秦王嬴政统一六国奠定了重要基础。

十二岁的小丞相

故事主角：甘罗

故事配角：吕不韦、张唐、赵悼襄王等

发生时间：公元前 244 年

故事起因：吕不韦下了招贤令，才气非凡的 12 岁的甘罗也来当门客

故事结局：甘罗先后劝服张唐出使燕国、赵王割取河间五城给秦国

自从吕不韦下了招贤令，便呼啦啦地来了三千多门客。其中，就有 12 岁的少年甘罗。甘罗虽然人小，但来头可不小，是名副其实的"官二代"，他的祖父正是秦武王时的左丞相甘茂。小小年纪的甘罗满腹经纶，伶牙俐齿。更为可贵的是，他还有一颗报效国家的心。于是，甘罗便被吕不韦留作了门客。

当时，吕不韦想联合燕国攻打赵国，就选中了秦将张唐作为使者，但是张唐却找个理由推辞了。这时，甘

罗看到了吕不韦的焦急神色。得知原委后，甘罗便拍着胸脯说自己能劝说张唐。吕不韦觉得一个小毛孩还敢口出妄言，便斥责甘罗胡闹。

见吕不韦不相信，甘罗便对他说："古时项橐（tuó）七岁就做孔子的老师。如今我已 12 岁，君侯为何不让我试一试，为何还呵斥我呢？"听了甘罗的话，吕不韦觉得这孩子确实有口才，于是便将筹码押在了这个孩子身上。

甘罗来到了张唐府里，便向张唐说明了来意。张唐一听，差点笑出声来，他想："你一个小毛孩也想说动我。"甘罗一脸正经地说："您与白起比，谁的功劳大？"张唐感到莫名其妙，但还是做了回答："我的功劳比不上他。"甘罗继续问："当年执掌秦政的应侯范雎与吕不韦相比，谁的权势更大？"张唐说："范雎不如吕不韦的权力大。"甘罗见张唐已经入道，便一针见血地说："当年范雎想攻打赵国，可白起阻拦他，结果范雎在离咸阳七里处绞死白起。现在吕不韦亲自请您，而您不肯，我不知您将死在哪里！"

这话一出，把张唐吓了一跳。他也没有时间对眼前这个孩子表示刮目相看了，只能赶快向吕不韦说自己愿意出使燕国。

后来，甘罗想在张唐出使燕国一事上做更大的文章。甘罗认为赵王必然对秦燕联盟感到担忧，如果从这里下手，就有拿下赵国河间地的可能性。因此，他向吕不韦请命出使赵国。

当甘罗来到赵国见到赵悼襄王时，全然不顾这位君王惊讶的眼光，以使者的姿态问了赵悼襄王第一个问题："大王可听说燕国太子丹入秦做了人质吗？"赵悼襄王说知道。甘罗随后又问了第二个问题："大王可听说张唐要到燕国任相吗？"赵悼襄王再次表示有所耳闻。这之后，甘罗便直奔主题："燕太子丹到秦国来，说明燕国不敢背叛秦国；张唐到燕国任相，说明秦国不会欺辱燕国。燕秦两国互不相欺，没有别的原因，就是想攻打赵国来扩大在河间一带的领地。大王不如先送河间的五座城池给秦国，我请求秦王送回燕太子丹，再帮助强大的赵国攻打弱小的燕国。"赵悼襄王听后，直冒冷汗，最后竟然答应了这位小使者。

当秦王嬴政因功而封甘罗为上卿时，再次引起轰动。秦人对这个孩子满怀敬仰，因上卿相当于后来丞相的位置，故民间都亲切地将甘罗称为"十二岁的丞相"。

我才是真正的"王"

故事主角：秦王嬴政

故事配角：嫪毐、吕不韦等

发生时间：公元前 238 年—公元前 237 年

故事起因：嫪毐酒后吐狂言，冒犯秦王嬴政，并发动叛乱

故事结局：秦王嬴政灭掉嫪毐，逼吕不韦自杀，最终夺回国家大权

公元前 238 年，是秦王嬴政举行冠礼（古代中国汉族男性的成年礼）的一年，也是他扬眉吐气的一年。举行冠礼后，就意味着秦王嬴政是一个成年人了，既然是成年人，属于他的东西就该收回来了。在这一年，秦王嬴政从吕不韦那里拿回了国家大权。吕不韦愿意让权，除了因为秦王嬴政举行了冠礼，最为关键的是，假宦官嫪毐（lào ǎi）捅了一个"大娄子"。

有一天，嫪毐和一群大臣喝酒。酒过三巡之后，本就骄傲的嫪毐变得更加狂妄。有臣子看他不顺眼，借着

44

酒醉讥讽了他几句，于是两人便争了起来，争得火冒三丈。嫪毐对冒犯他的大臣狂吼道："我是当今君上的**假父**（对继父的不良称呼），你竟敢跟我相争？！"

这话对秦王嬴政是赤裸裸的冒犯，那些早看嫪毐不顺眼的大臣便抓住这个时机，向秦王揭发了嫪毐。他们转述着嫪毐的狂言，更将嫪毐的真实身份向秦王嬴政讲得一清二楚。这次控告似乎成了一个导火线，使得秦王嬴政终于下定决心除掉嫪毐。除此之外，秦王嬴政也想向吕不韦以及天下表明，他已不是一个任人摆布的**傀儡**（kuǐ lěi；比喻不能自主、受人操纵的人）。

秦王嬴政下令彻查嫪毐。这事很快传到了嫪毐府里，嫪毐自知大祸临头，只好孤注一掷，来个先下手为强。他伪造秦王和太后的印信，引领上千名僮仆、门客和少数受骗的军队发动政变。

对于嫪毐的反叛，秦王嬴政早有准备。他派昌平君和昌文君带领咸阳军队前往堵截嫪毐，平息叛乱。秦王嬴政还对全咸阳城下令：有活捉嫪毐的，赏钱百万；有杀死嫪毐的，赏钱五十万。这个奖励太有诱惑力了，大大激起了咸阳士兵的战心。很快，嫪毐及其死党就被一窝端了。

嫪毐最后遭受了残忍的车裂之刑，并被灭掉三族。他的同党也都被削去了脑袋，僮仆、门客也都得到了应有的处罚。

秦王嬴政借着平定嫪毐之乱的能力，从吕不韦那里顺利拿回了权力。此时的吕不韦已是寝食难安，心中无比慌张，因为他明白自己和秦王嬴政之间的矛盾，他一定会和自己算账的。而对于秦王嬴政来说，除掉吕不韦就是他的下一个任务。

公元前 237 年 10 月，秦王嬴政顺利罢免了吕不韦的相位，吕不韦只能回到河南的封地。因为吕不韦的名望，他在封地时，竟然每天都有宾客来访。这令秦王嬴政很不安，于是他又逼吕不韦迁往荒凉的蜀地。不久，吕不韦选择了自杀，结束了自己轰轰烈烈的一生。

小肚鸡肠害死人

故事主角：李斯

故事配角：秦王嬴政、韩非、姚贾等

发生时间：公元前 233 年

故事起因：秦王嬴政得到了贤才韩非，李斯对韩非产生嫉妒

故事结局：李斯和姚贾在秦王嬴政面前进谗言，韩非被李斯毒死

自从李斯上了一封《谏逐客书》后，秦王嬴政便对他越来越喜欢，一高兴，封给李斯一个**廷尉**（中央最高司法审判机构长官）的官。李斯从此飞黄腾达，也成为秦王嬴政面前颇为倚仗的大红人。

李斯还有一个同学，叫韩非，是韩王室的公子。他俩年轻时曾跟随大学问家荀子学习，都是荀子的得意门生。他们还有着共同之处——对刑法之学感兴趣，对帝王之术深有研究。

但与李斯不同的是，韩非本身有一个缺陷，那便是有口吃。别人一口气说完的话，他得磕磕巴巴说半天，让人有些着急。因此，韩非虽然有才学，却总是得不到韩王的重用。

　　韩非从未被韩王重视过，心里便有了牢骚，于是他"辞职"回家，做一个愤世嫉俗的文人，写起了文章。在这

段时间内，韩非竟洋洋洒洒写了 10 多万字的佳作。

是金子总会发光的。秦王嬴政看了韩非的《孤愤》《五蠹（dù）》等文章，便觉得这个人不但文采斐然，而且见识非凡，便对韩非起了敬佩之情，说道："我若能见到此人，与他相交，便是死也没遗憾了。"

说者有意，听者更有心。这种思之切、求之难的心

情被李斯察觉了，李斯便向秦王嬴政讲了韩非的身世。秦王嬴政得知其是韩国公子以后，便下令急攻韩国，借此威胁韩王献出韩非。

秦王嬴政成功地迎来了韩非，正式见到了这个期盼已久的贤人。韩非虽然口吃，但秦王嬴政丝毫不在乎，他在和韩非交谈后，对这个有口吃的韩国公子产生了更大的兴趣。在他心里，韩非绝对是一个能力出众的人。

当时秦王嬴政正在准备攻灭六国，按照李斯的想法，弱小的韩国排在第一个。但韩非是韩国公子，当然不会赞同，两人便产生了矛盾。

在秦王嬴政攻打六国之后，韩、魏两国已是穷途末路，其他四国打算抱团来对抗秦国。为此，秦王嬴政派出了姚贾去劝说、分化四国。但韩非利用这个机会对姚贾进行了**毁谤**（huǐ bàng；以言语相攻击或嘲讽丑化），使得秦王嬴政曾一度不信任姚贾而将其撤回。于是，姚贾也和韩非结怨。

从这之后，姚贾便和李斯站在了同一战壕。于是，两个人在秦王嬴政面前说韩非是韩国公子，心里想的是韩国，与其留为后患，还不如将他定罪杀掉。秦王嬴政虽然爱惜韩非，但在政治上还是不敢用他，怕成为祸患，便令李斯随便给他安插个罪名，将其关押起来。

不久之后，李斯派人给身在囹圄的韩非送去毒药，韩非最后只能自杀身亡。等到秦王嬴政后悔当初的命令，令人立即前往监牢赦（shè）免韩非时，韩非早已死去。

醒木一响，评书开场！
品茶听书，为你讲述有滋有味的大秦传奇；
真真假假，权且当茶余饭后的谈资……
今天，我要给大家讲的是——造父调教的八匹骏马！

造父调教的八匹骏马

　　周穆王自从发现游玩的乐趣以后，便开始四处游玩。出游的首要条件就是要有方便的交通工具。于是，周穆王花重金请来了有名的御者造父。

　　造父最擅长驾驶马车，如此高的本领，都是从他的师父泰豆那里学来的。造父年幼时就失去了父母，是泰豆抚养他长大的。泰豆看他聪明伶俐，身体灵活，就决定把驾车的本领传授给他。

　　泰豆训练造父从最基础的驾车技法学起。他在空旷的田野上立起一些木桩子，木桩子之间的距离相等——只能放下一只脚。泰豆让造父在这些木桩子间像穿花一般行走和奔跑，不许碰到木桩，最后要练到即使是不小心摔倒，也不碰木桩一下的境界。造父练了几天，就学会了。然后，泰豆又教授他驾车的道理。

在泰豆的指导下，造父细心钻研，勤学苦练，终于成为一名技艺高超的御者。这时，周穆王游历天下，需要一名好御者，听说了造父的大名，就花重金将其聘请过来。

造父驾着马车，带着周穆王四处游玩。造父虽然技艺高超，可是拉车的马经不起长途跋涉，经常半路就累死了。周穆王非常恼火，又没有什么好办法。这天，造父来到周穆王的身边说："大王，我听说夸父山上的马，都是武王时散放在那儿的战马的子孙后代。这些马脚力强、耐力足，正是我们所需要的。我想去夸父山把这些战马抓来，献给大王。" 周穆王听后非常高兴，让他赶紧去把这些战马找来。

经过千辛万苦，造父来到了夸父山。只见山顶是一望无际的平川，到处是绿油油的草地，成群的野马在上

面奔跑跳跃。这些马有的跑起来呼呼生风、足不溅土，有的跑起来比飞鸟都快。

造父在山上观察了好几天，他看中了其中的八匹马，还给它们起了好听的名字：华骝（liú）、绿耳、赤骥（jì）、白义、渠黄、逾轮、盗骊（lí）、山子。刚开始时，只要造父一靠近这八匹马，它们就飞快地跑到别处，造父想抓也抓不到。

后来，造父经常用一些食物喂它们，渐渐地，它们和造父熟悉了起来。但这些马毕竟是野马，训练起来需要花很长的时间。可是，造父一点也不心急，每天和这些马儿待在一起，驯服它们的野性。功夫不负有心人，造父终于将这些野马训练成了八匹骏马。

造父带着这些骏马回到了王宫，将它们献给了周穆王。周穆王让造父驾着这些骏马拉的车载着自己在野外跑了一圈，果然和以前那些马拉的车不一样。这些骏马拉的车又快又稳，跑出好远都不会累。周穆王大喜，将这些骏马放养在东海岛的龙川附近，由造父管理。

从此，周穆王出游都会让造父驾着由这八匹骏马拉着的车子。

知识补给站

春秋战国时期，为什么要交换质子？

质子制度，又称质子外交，起源于春秋时期。春秋战国时期，诸侯国纷争不断，谁也不相信谁，于是国君们便派自己的儿子到别国做人质，作为一种结盟的交换条件，或形成一种外交妥协的关系。质子外交在中国古代是最重要的外交策略之一，一般情况下是小国对大国的臣服。

《吕氏春秋》具体是一部什么书？

《吕氏春秋》是中国历史上第一部有组织按计划编写的文集，上应天时，中察人情，下观地利，以道家思想为基调，坚持无为而治的行为准则，用儒家伦理定位价值尺度，吸收墨家的公正观念、名家的思辨逻辑、法家的治国技巧，加上兵家的权谋变化和农家的地利追求，形成一套完整的国家治理学说。

秦国修建的水利灌溉工程，为什么叫作"郑国渠"？

韩国为消耗秦国的力量，便派郑国到秦国游说，劝秦国凿一条运河。在修筑过程中，秦王发现了韩国的阴谋，要杀郑国，郑国说渠修成后对秦国有万代之功。秦王听了后，就让他继续完成这项巨大的工程。所以渠修成后，人们称之为"郑国渠"。

吕不韦迁往荒凉的蜀地后，为什么选择自杀？

吕不韦是一个聪明人，也深知秦王嬴政对自己的敌意。迁到蜀地后，吕不韦已经意识到了问题的严重性，他觉得秦王嬴政不会放过自己，如果自己不死，有朝一日，自己的家族将会被满门抄斩。为了不连累家人，吕不韦最终自杀了。

第**3**章

诸侯国最后的"哀鸣"

有言在先

　　平息了国内的动乱后，雄心勃勃的秦王嬴政，便把目光投向了六国。柿子要捡最软的捏，因此家底很薄的韩国，最先被秦国灭掉。有了胜利的经验，此时的强秦开始胃口大开，如狼似虎。在秦国如潮水般的攻势下，曾经挺立了几百年的诸侯国开始颤抖起来，在不断的挣扎中发出最后的"哀鸣"。仅仅十年左右的时间，秦国就灭掉了韩、赵、魏、楚、燕、齐六国，将六国的地盘划入自己的版图。秦王嬴政成为了人生赢家！

犯糊涂的赵王迁

故事主角：赵王迁

故事配角：李牧、秦王嬴政、王翦、郭开、赵公子嘉等

发生时间：公元前 232 年—公元前 228 年

故事起因：王翦率秦军进攻赵国邯郸，并设计陷害赵国将军李牧

故事结局：赵王迁听信小人谗言而杀掉李牧，赵国最终被秦国所灭

公元前 232 年，在肥之战中输得一塌糊涂的秦国，再次气势汹汹地出兵赵国。但是，秦王嬴政却疏忽大意了，阻挡秦军的最大障碍并不是赵国的军队，而是当时名声威震天下的大将李牧。

面对上门挑事的秦军，赵国唯一的"杀手锏"李牧又被派到了前线。在战争中，李牧临阵不惊，指挥若定，将秦军打得丝毫没有招架之力，秦军被彻底打残，只能逃回秦国老家。

为了挽回面子，公元前 229 年，秦王嬴政令王翦统率秦国主力直下井陉（jǐng xíng；今河北井陉），然后令杨端和率河内郡军队。几十万大军浩浩荡荡地进攻赵国邯郸。

经过秦国连续攻击，赵国已经有些吃不消了。但赵王迁还是派出了李牧前去抵挡秦军，希望他能再为赵国打一个大胜仗。

一听对方领兵的是李牧，此时的王翦也难免有些慌乱，这个从未打过败仗的将领在王翦心中简直是完美的战神，王翦对他充满着敬佩之情。但如果交战，王翦又没有胜算，这可怎么办？

于是，王翦便使出了一个阴招，他向秦王嬴政献计说："如果派一个人前往邯郸，花重金收买赵国宠臣郭开，让他在邯郸城内说李牧的坏话，就能够铲除李牧。"秦王大喜，并依计而行。

这个郭开是个贪得无厌的人，曾经诬陷过廉颇，对散布流言这种事可谓是轻车熟路。于是，郭开便令人在邯郸城内到处散布李牧勾结秦军的流言。一时间，邯郸城内流言四起，再加上郭开在赵王迁耳边挑唆（suō），昏庸的赵王迁认为李牧已经是背叛国家的奸臣。

当李牧得知赵王迁派赵葱来代替他的职位时，李牧以"将在外，君命有所不受"为由拒绝了这个命令。李牧知道赵葱这人完全没有军事能力，如果将军队交给他，赵国必然会失败。

可是，胳膊拧不过大腿。此时的李牧遇上了更加顽固的赵王迁，看到李牧不服从命令，赵王迁更加认定了李牧的背叛之心。于是，赵王迁暗中布置圈套将李牧抓获，然后将其斩杀。

公元前 228 年，李牧被除掉之后，王翦立即趁着赵国上下离心的时候进攻赵军。很快，赵军便全军溃败，赵葱也死于沙场。

几个月的时间，王翦的大军便打到了邯郸。在邯郸保卫战中，赵公子嘉率领着宗族子弟和宾客们奋力抵抗，誓死保卫邯郸。但软弱的赵王迁却在郭开的摆布下，亲自打开城门，让秦军以主人的姿态大举进入城内。邯郸失守，赵王迁也被王翦生俘，成了赵国的葬送者。

赵国灭亡后，赵公子嘉逃出邯郸，带领着宗族逃到了代（今河北蔚县），在此自立为王，被称为代王嘉。此时的赵国已经名存实亡。

不务正业的魏王假

故事主角：魏王假

故事配角：王贲、秦王嬴政等

发生时间：公元前 227 年—公元前 225 年

故事起因：魏王假一心痴迷于养犬，将国家大事抛之脑后

故事结局：因魏王假的昏庸，秦国最终灭亡魏国

公元前 227 年，魏景湣（mǐn）王死去，其儿子魏王假即位。这个魏国主子可不是一个省油的灯。他有一个爱好，那就是养犬，百姓们骂他"魏獒（áo）"，他不仅不生气，反而感到特别高兴。

此时的魏国，已不复当年叱咤天下的霸主气势，俨然像一只气息奄奄的病老虎。魏国已经丧失了大部分土地，只剩下都城大梁（今河南开封）附近的一小片城池，魏王假对祖辈留给自己的这点家底，也是丝毫不放在心上，大有破罐子破摔的意思。

魏王假养犬，可不是一天两天的事。他从小就开始养犬，他在当魏王之前已养犬近二十年，历经多年繁衍，魏獒已成为一种品行独特的名犬，其凶猛忠诚无与伦比。正因为如此，魏獒闻名天下。天下的有钱人和贵族公子哥，只要买犬，都会花重金千里迢迢地跑到魏国来买，他们也把拥有魏獒当成一种时尚。

对魏王假来说，犬并不是有钱就卖，还得看对方的"资历"。据说魏王假把犬看得比自己的命都重要，每次卖犬，他都会亲自和买家见面，如果觉得对方没有饲养的能力，不管对方出多少钱，他也不会卖。魏王假就是这么任性。相反，如果卖犬成功，他还要为犬举办隆重的饯（jiàn）别盛宴。到了约定的交犬之日，

魏王假还会来到现场，和犬挥泪惜别。

公元前225年，秦国大将王贲在秦王嬴政的命令下，率军直逼魏国大梁，魏国的灭亡进入了倒计时。火烧眉毛之际，没心没肺的魏王假仍然整天围着犬转，似乎国家存亡并不是什么大事，与他也没有多大关系。魏国丞相伤感地说："大王不爱人而爱犬，将军尽忠却无门，这难道不是魏国的最大悲哀吗？"说完，垂泪而哭。

很快，在王贲大肆的攻击之下，大梁的四周已经响起了秦军围城的叫嚣声。久攻不下之际，在对大梁城附近的地势进行了一番观察之后，王贲发现大梁城接近黄河，于是放弃使用任何兵器，而选择世上至柔的东西来摧毁它，这个东西便是水。

当王贲引黄河和鸿沟之水灌入大梁城，城内洪水漫灌，死的死，伤的伤，一片凄惨悲凉的景象。这时的魏王假也是六神无主了，一着急，干脆闭门不出，还有心思在宫中耍犬。不久，坚固的大梁城被彻底攻破。

大梁城门被打开，魏王假走出来，向王贲献出了这座见证着魏国兴衰的城池，魏国就此灭亡。

楚国走错了一步棋

故事主角：王翦、楚王负刍

故事配角：蒙武、项燕等

发生时间：公元前 224 年—公元前 223 年

故事起因：王翦率领秦军进攻楚国，等待楚军松懈的战机

故事结局：王翦大败楚军，并斩杀了楚将项燕，楚国最终灭亡

　　楚国是个重量级的对手，秦国在与其争斗中多次吃了大亏。公元前 224 年，王翦和副将蒙武带领秦国 60 万大军大举攻楚，企图一举消灭楚国。

　　王翦的部队很快便攻下了平舆（今河南平舆）。这之后他没有继续进攻，而是采取了谨慎的防御态度。战斗经验丰富的王翦，深知楚军一直都具有坚强的战斗意志，上次大败秦军后，楚军的锐气此时正旺盛。因此，在进入楚地之后，王翦马上命令部队构筑坚垒，进行固守，并下令部队不许出战。

　　王翦坚守不出，让楚军有些摸不着头脑，于是楚军

经常前来骚扰叫骂，想来个激将法，但王翦就是不出兵。此时，王翦在营中加紧训练士兵，每天让士兵休息、洗沐，享用好的饮食，关心士兵的生活起居，以此凝聚军心，提高了秦军的战斗力。

楚军求战不得，久而久之，精神上就处于了松懈状态。楚国大将项燕见士兵已开始散漫，只好先领军东撤。就在楚军撤退的时候，王翦立即下令精兵向前追击。这时，撤退的楚军士气低落，而进攻的秦军如狼似虎。结果，王翦的军队大败楚军，并斩杀了楚将项燕。

楚军没了头领，一时间溃散奔逃，王翦领兵直上，乘胜追击。一路上又顺势攻下了很多城池，占领了楚国大片土地。这之后，王翦和蒙武率领秦军继续往楚国腹地打去，于公元前223年打到了楚都寿春（今安徽寿县），用秦国大旗团团围住了这座百年大城。

项燕一死，楚王负刍便开始害怕。这时候楚国国内已经没有能和王翦相匹敌的大将，楚王负刍只能听着一座座城池陷落的噩耗陆续传到寿春城，除此之外，他已经找不到任何对策来赶走秦军了。而这时，外面竟然传来了秦军攻城的叫嚣声，士兵的喊叫声和攻城器械的隆隆声，像连续的闪电直击楚王负刍的脑门，将他炸得六神无主。面对王翦的大军，楚王负刍只能躲在宫殿的角落里瑟瑟发抖。

寿春城很快陷落，楚王负刍也结束了他作为楚王的生涯。楚国，这个几百年的南方大国，不复存在了。

燕国没能逃过厄运

故事主角：燕王喜

故事配角：太子丹、王贲、赵公子嘉等

发生时间：公元前226年—公元前222年

故事起因：面对秦军攻打，燕王喜逃到辽东并将太子丹的头颅献给秦国

故事结局：获得短暂喘息的燕国没能逃离厄运，秦军最终灭掉燕国

因为"荆轲刺秦王"一事，燕国捅了大篓子。公元前226年，秦王嬴政下令攻打燕国。王翦和辛胜奉命领兵讨伐燕国，带着秦王嬴政的恨意，这支军队杀气腾腾，浩浩荡荡地往易水进发。

王翦的先锋李信领着大军来到了易水之西。在此遇上了燕国的军队，李信大败燕军。王翦大军很快便尾随先锋李信而至。弱小的燕国无力抵挡，很快便被王翦大军追逼到都城蓟城（jì chéng；今北京西南）。

没有办法，燕王喜只好和燕太子丹逃到了辽东（今辽宁辽阳）之地。

到了辽东后，燕国并没有因此躲过一劫。秦国军队紧追不舍，秦王嬴政令王翦必须领兵北上，将燕国彻底打垮。于是，李信在王翦的任命下，领着他的先锋部队直奔辽东而去。

听说李信领军而来，燕王喜惊恐不已。他已经想不出什么好方法了，而当初那个惹祸的燕太子丹也瑟瑟发抖起来。

在燕王喜无处可逃的时候，他的朋友赵公子嘉来信了。赵公子嘉在赵国灭亡之后，便躲到了代城，企图以代王的名号东山再起，在秦国进攻燕国的过程中，作为燕的联军而与之共同奋战。赵公子嘉与燕王喜也算是同病相怜。

赵公子嘉派人偷偷向燕王喜传递了信息，即秦国之所以会进攻燕国，完全是因为当初燕太子丹的刺杀行动，如果能将燕太子丹斩首并献给秦国，那么必然会消了秦王嬴政的怒火，从而让秦军退兵。

燕王喜只能"病急乱投医"，也就傻傻地认同了这种说法。结果，燕太子丹为此付出了生命的代价——燕王喜派人将其杀死，并将其头颅献给了秦王嬴政。

这个时候，秦国对于燕国的进攻确实有所缓和，但绝不是因为燕太子丹的那颗毫无价值的头颅。对于秦国来说，躲到了辽东的燕国已经毫无抗拒之力，与其对其逼迫甚急，倒不如先南下解决了楚国，以防楚国从后方突然袭击。

公元前222年，在秦国大军灭掉南方强楚后，王贲便奉命北上伐燕，旨在将燕王喜和代王嘉这些残余势力彻底清除。

此时的王贲很快便渡过了易水，临近太子河。不久之后，燕王喜便含着悔恨且无奈的泪水，望着自家的土地被秦王嬴政划入了自己的疆域之中。燕国灭亡后，王贲转攻代郡，俘虏了代王嘉，彻底清除了赵国的残余势力。

齐国，我不能留你了

故事主角：秦王嬴政、齐王建
故事配角：周子、秦昭襄王、后胜、王贲、陈驰等
发生时间：公元前 265 年—公元前 221 年
故事起因：在灭掉五国之后，秦国开始进攻齐国
故事结局：齐王建没有抵抗，且带着军队主动投降秦国

公元前 265 年，齐襄王去世，田建继位，史称齐王建。过了几年，秦国派兵攻打赵国，齐国与楚国迅速援救赵国。

秦昭襄王感到心里没底，与大臣计议说："齐国、楚国援救赵国，他们如果紧密协作我们就退兵，不然我们就打他们。"

巧的是，此时赵国没有粮食，向齐国借粮，齐王建不同意借粮。齐国谋臣周子说："不如答应借粮以使秦国退兵，不借粮秦军就不会退，这样秦国的计谋就能得逞，而齐、楚的计划就会失败。而且赵国对于齐国、楚国来说，

犹如屏障。今日赵国灭亡，明日祸患就轮到齐国和楚国。救援赵国，才能打退秦军，彰显声威。如果不致力于此种大事，而斤斤计较粮食，这样为国家做打算可就错了。"

齐王建就是不听。结果，秦军在长平之战中大败赵军。

后来，齐王建任命舅舅后胜担任相国。后胜是个贪婪之人，他接受了秦国间谍大量的黄金、玉器，还派遣许多宾客到秦国，秦国给这些宾客许多金、玉，宾客回来后都替秦国充当间谍，说一些对秦国有利的话。后胜劝说齐王建放弃合纵而朝奉秦国，齐王建听从了。

公元前237年，齐王建到秦国朝见秦王嬴政，秦王嬴政在咸阳设酒招待齐王建。双方**推杯**

换盏（指喝酒喝到兴头时，互相敬酒，后来一般形容关系交好），显得十分亲密。从此，齐国不修战备，不帮助其他五国攻秦，使秦的统一战争减少了很多阻力。当时一些诸侯国贵族，曾相继流亡齐国，有人劝齐王给予帮助，让他们复国攻秦，但是齐王建还是执意不肯。

因为齐国只当置身事外的看客，在其他五国遭受攻伐时，自身没有遭受战争的困扰，得到了几十年的稳定。公元前221年，当时秦国已经消灭了五国，齐王建与后胜发兵守卫齐国西部边界，不和秦国往来。秦王嬴政派将领王贲率军从燕国南面攻打齐国，秦军攻进齐国都城临淄（今山东淄博），齐国百姓都不敢进行反抗。

秦王嬴政派宾客陈驰诱骗齐王建，说只要投降秦国，秦国便赐给他500里的封地。此时，后胜也劝说齐王建不要抵抗，带着军队投降秦国。软弱的齐王建，听从了他们的计策，于是开城投降，齐国至此灭亡。齐王建并没有得到封地，而是被安置在边远的共地。秦国还不给齐王建食物，他最终被活活饿死。

醒木一响，评书开场！
品茶听书，为你讲述有滋有味的大秦传奇；
真真假假，权且当茶余饭后的谈资……
今天，我要给大家讲的是——桂林城的来历！

桂林城的来历

传说秦始皇统一六国后，想接着扩大疆域。有一天，他走到南海，突然想到一个歪主意——将大山赶来填海，扩大国土面积。

一天，修长城的监工向他报告说，好多民夫手里都有一条红绳子，把它放在肩上挑石头根本不费力气。秦始皇听了很兴奋，下令将民夫手中的红绳都收上来，然后攒起来做成一条大绳。大绳做成后，秦始皇扬起绳子朝大山一挥，那些大山就活动起来。于是，秦始皇决定赶着大山去填南海。

不多久，这事被南海的观世音菩萨知道了，她念了句"善哉，善哉"。哪知菩萨的话音刚落，秦始皇突然提不起精神来了，顿时口渴难耐。正在此时，一对年轻的夫妇背着水壶从他身边经过，他便叫住两人讨水喝。秦始皇喝完水，发现手中的红绳子不见了。他拔出宝剑，就向夫妇俩砍去。只听天上传来喝斥声："住手！他们给你水喝，你却恩将仇报。那些红绳本是为民夫解脱劳苦的，你却将它们抢来填海，劝你立刻回去，可免受处罚。"

秦始皇哪敢不听，决定立刻返回。又见赶来的大山草木不生，且无处安放，就送给夫妇俩，让他们在山上栽种树木良田。

第二天一早，夫妇俩醒来都说做了一个梦，梦中观世音菩萨告诉他们，这山中有泉水，只要他们挑来浇水，地里就能长出庄稼和树木。两夫妇便在山上找泉水，挑来种地。第三天一过，山上就真的长出了桂花树和花草。此后，他们生了个胖娃娃，夫妻俩便给孩子取名桂娃。桂娃出生的第三天，夫妻俩烧好水，倒上自己研制的桂花香水，给孩子"洗三朝"。谁知刚洗完，孩子就长大了，一下子能走路、说话了。

让夫妻俩想不到的是，他们自制香水的香气飘到了天上，被玉帝闻到了，他顿感神清气爽。于是他命火斗星君到凡间来取桂树和香水。

这一天，夫妻俩在山上砍柴，忽见一个身穿红衣的人向他们走来，说要把这山上的桂树全买下来。夫妻俩执意不卖。

晚上，一家人正要睡觉，忽见窗外一片红光，夫妻俩跑出屋子，看到不远处的树林起了大火，他们就提着水桶往树林跑去。谁知一阵风刮过，树林中飞出一对火红的凤凰，接着夫妻俩被火烧死了。

桂娃找不到父母，哭昏了过去。朦胧中，他听见一位菩萨说，这山上的桂树被火斗星君弄到天庭去了，只要找到火红的凤凰，它们就可以带他找到桂树。

桂娃醒了后，不分日夜、翻山越岭地去找凤凰，终于在一个岩洞中找到了。凤凰见了他就飞起来，驮着他到了南天门。刚进南天门，桂娃就闻到了一股桂花的香味，顺着香味找去，发现了一间屋子。进去一看，里面放满了泡酒的桂花香液，桂娃喝了一大口，又装了满满一葫芦走出来。他刚走出屋子，就被天庭的守卫发现了，桂娃撒腿就跑，一不小心从云层中掉了下去，好在凤凰在底下接住了他。

回到山中，桂娃很是生气，顺手就把葫芦扔到了地上。哪知一滴液体从葫芦中渗出来流到地上，地上立马就长出了一棵桂花树苗。桂娃很是惊奇，急忙把葫芦从地上捡起来，他把桂花汁液滴到了山上的每个角落。几天过后，山上就长满了桂花树。

后来，这山上吸引了众多游人，日子久了，很多人就在山上住下，这里就变成了一座城市，被大家称为桂林城。

第 **4** 章

秦始皇的帝王岁月

秦始皇统一六国，建立了首个多民族的中央集权封建国家。对内创建皇帝制度，实行三公九卿制；地方上实行郡县制，统一文字、货币、度量衡。对外北击匈奴，南征百越，拓展疆土。秦始皇把中国推向大一统时代，奠定了中国两千余年政治制度的基本格局。

但与此同时，秦始皇统治时期，大规模兴建土木，筑长城、建宫殿、修皇陵；赋税和徭役繁重，刑罚残酷，使百姓处于水深火热之中。秦始皇还制造了"焚书坑儒"的残酷事件。

统一规矩，天下不再乱糟糟

故事主角：秦始皇

故事配角：李斯

发生时间：公元前 221 年

故事起因：战国时各国的文字、货币、度量衡不一致，不
利于秦国统一后的发展

故事结局：秦国统一了文字、货币、度量衡，维护了国家
统一的基础

　　秦国刚统一时，有一件事情令人感到头大。由于七
雄并立时间达几百年，各国在文字、货币、度量衡等方
面都不一样。秦始皇统一六国后，为了加强自身统治，
实行了统一文字、货币、度量衡的措施。

　　汉字产生后，经过长期的发展演变，至春秋战国时期，
随着社会的动荡和急剧变化，各地文字的形体和读音都
有所不同。这不仅不利于文化的发展和各地百姓的交流，

而且给秦朝各种文书的阅览和传播造成了巨大困难。秦始皇接受了李斯的建议，于公元前221年发布"书同文"的诏令，规定以秦国小篆（zhuàn）为统一的字体，与小篆不同的字体全都废除。在秦朝，除了小篆以外，还流行一种比小篆更为简易的隶书。秦始皇对隶书也进行了整理，经过整理后的隶书，结构平整、书写方便，不仅民间广泛使用，各级政府的官方文书也多用隶书。秦始皇统一文字，有利于统一多民族国家的发展，汉字的结构也由此基本定型。

秦国统一六国后，秦始皇下令统一全国货币。首先将铸币权收归国家，禁止地方和私人铸币。其次，明确规定货币种类。秦朝的法定货币为黄金和铜钱，黄金属于上币，铜钱属于下币。铜钱为圆形方孔钱，上面铸有"半两"的字样，每钱重十二铢（zhū）。再次是废除原来六国使用的布币、刀币、铜贝等各种货币。货币的统一，结束了各地区间币制上的杂乱状态。

除此之外，秦始皇还下令，以秦国的度量衡为标准，统一其他六国的度量衡器。统一后，秦朝的长度计算以寸、尺、丈为单位，十进位制；量制方面以合、升、斗、桶为单位，也是十进制；重量的计算单位以铢、两、斤、钧、石（dàn）为单位，24铢为1两，16两为1斤，30斤为1钧，4钧为1石。

　　文字、货币、度量衡的统一，极大地促进了文化和经济的发展，成为维护国家统一的重要基础。

匈奴有了恐秦症

故事主角：蒙恬

故事配角：秦始皇、匈奴等

发生时间：公元前 215 年

故事起因：为扩大疆土，秦始皇命令蒙恬北击匈奴

故事结局：蒙恬将匈奴打败，秦国将北方大片土地划入自己的版图

秦国统一六国后，秦始皇的目光便转移到了北方的匈奴。一生英勇的秦始皇天不怕地不怕，更不会把一个小小的匈奴放在眼里。

公元前 215 年，秦始皇令大将蒙恬率军出击匈奴。蒙恬慎重地接过了秦始皇的任务，在长年的北方边境守卫生活中，他深切地感受到匈奴也不是好惹的。所以，这一次他暗暗地发誓，一旦出兵，必要大胜。就这样，在全军士气高涨的情况下，蒙恬领着 30 万大军浩浩荡荡

地往北进发了。

　　蒙恬日夜兼程赶赴边关。扎下大营后，他立即派人侦察敌情，另外又亲自翻山越岭察看地形。在做好万全准备后，秦军便和匈奴军展开了第一次交战，而这一次交战，便为秦国带回了一个好消息——他们杀得匈奴人仰马翻，大获全胜。

　　一年之后，蒙恬再次率领大军来到了黄河之滨，准备和当时越过黄河并占据河套地区的匈奴军队来一场决斗。在这场对决中，士兵们个个如天降神兵，毫无畏惧地冲锋陷阵。匈奴士兵面对锐不可当的秦军，很快就泄了气。凶悍的匈奴士兵，没料到此刻遇到了一群更加凶悍的士兵。在秦军虎狼般的追击下，匈奴军被彻底打懵了，最后只能选择逃走。

　　仅此一战，蒙恬便重创彪悍（biāo hàn；强壮而勇猛）的匈奴军，更使他们一听秦军这个名号便落荒而逃，再也没有勇气进入秦地了。这种恐惧深深地印在每一个匈奴人的心中。

　　击退匈奴后，秦始皇先派蒙恬统率重兵坐镇上郡（今陕西榆林），又迁民于河套，对于边地的开垦和边防的

加强起了积极作用。为加强河套地区的防线，蒙恬又在河套黄河以北一带修起了城堡，作为黄河防线前哨阵地。除此之外，秦始皇还命令将战国时燕、赵、秦三国修筑的长城修复并连接起来。至此，秦朝将北方的河套地区纳入了自己的版图。

不死药在哪里

故事主角：秦始皇

故事配角：徐福、卢生等

发生时间：公元前219年—公元前215年

故事起因：秦始皇欲求长生不老，多次派人寻找长生不老药

故事结局：负责寻找仙药的徐福和卢生没完成任务，最终
选择跑路

秦始皇统一了天下，觉得自己是天一般的人物。既
然与天同高，也得与天同寿呀！

要长生不老，就得寻找不死药。秦始皇特诏告天下：
能找到长生不老药者，定有重赏。既然秦始皇敢"出上联"，
就有人敢"接下联"。这个人便是徐福。

徐福，是秦朝著名的方士。据传说，他是鬼谷子的
关门弟子，自幼在鬼谷子门下学习气功、修仙和武术。
在多年的学习之后，徐福已成了一个博学多才、通晓医

学、天文、航海等知识的全才。徐福同情百姓，乐于助人，所以在沿海一带的百姓中颇有名声。

　　得知秦始皇寻找不死药，徐福就大胆地给秦始皇上书了，并说海中有蓬莱（péng lái）、方丈、瀛（yíng）洲三座仙山，三座仙山中都住着神仙，若能寻访到那里，应该就能找到长生不老药了。秦始皇一听，喜从中来，立即派徐福率领童男童女数千人入海求仙。

公元前 219 年，徐福率众出海，但是空手而归。徐福没找到不死药，只好编造了一大堆托词来糊弄秦始皇，如从东南到蓬莱，与海神的对话以及海神索要童男童女作为礼物等。当秦始皇问到最关键的不死药时，徐福也只好如实以报。这次失利虽打击了秦始皇的梦想，但他

我得想想怎么骗过秦皇。

并没死心。这场荒唐梦还在继续着。之后，徐福再度率众出海，最后来到了所谓的"平原广泽"。在这里，徐福感受到了当地人的质朴友善，又因为这里气候温暖、风光明媚，于是徐福便做出了一个决定——他不回去了，要在这块土地上扎根。

此后，又有人自告奋勇来给秦始皇找不死药了，他便是卢生。

卢生也是一个方士，于公元前215年奉秦始皇的命令开始访寻海外仙山，求不死之药。可是不死药哪里去找？这个卢生也很蒙圈。结果不死药没找到，却找到了一本预言书。上面有句很重要的预言："灭秦者，胡也。"秦始皇一看到这里，便以为这"胡"字指的是北方匈奴，于是立即下令，命蒙恬领大军北击匈奴。可是秦始皇却万万想不到，这个"胡"字指的正是他的小儿子胡亥。

这当然是一个传说，预言书的内容是假的，但卢生拿回预言书一事却可能是真的。毕竟找不到不死药，卢生必须为自己制造点功劳，这样才敢堂堂正正地回到秦廷之上。后来，卢生知道自己是找不到不死药了，于是和徐福一样逃跑了。

"焚书坑儒"有点狠

故事主角：秦始皇

故事配角：周青臣、淳于越、李斯、儒生们等

发生时间：公元前 213 年

故事起因：李斯认为儒生们频出诽谤之言，而寻找不死药的徐福、卢生等欺骗了秦始皇

故事结局：秦始皇下令"焚书坑儒"，以血腥暴政维护统治

公元前 213 年，秦始皇在咸阳宫内宴请众大臣。其中一位臣子——周青臣，他称赞秦始皇："以前秦国的土地不过千里，依仗陛下的圣明，平定了天下，驱走了**蛮夷**（mán yí；古代泛指周边少数民族）。现在天下太平，百姓安居，秦国必然万世长存。陛下是古今帝王中最威严、最圣德的一位。"秦始皇一听，感到很高兴。

此时，有一位叫淳（chún）于越的人，他看不惯周青臣的溜须拍马，又因为他对秦始皇有些意见，于是说道："商、周两朝之所以能存在长达一千多年，是因为通过

分封子弟和功臣培植了自己的嫡（dí）系势力。陛下现在自己是拥有天下了，但您的弟兄和子侄们却还都是平民百姓，如果出现田常盗齐、六卿分晋那样的事，谁来帮您、救您呢？"听了这番话，秦始皇的脸立刻沉了下来。

李斯最懂秦始皇，当即对淳于越进行了驳斥。另外，

李斯也对儒生做出了批判，认为他们在朝廷上口是心非，在街头巷尾谈论时政。这样使得民心混乱，又生出更多**诽谤**（fěi bàng；以不实之辞毁人）之言。李斯为此提出了"焚书"方案，建议《秦记》以外的史书，包括诸子百家的书都统统烧掉，只保留医药、卜筮、种树等方面的书。

秦始皇当即决定实施焚书。焚书令规定：民间收藏的《诗》《书》百家著作，一律由郡守统一烧掉；如果

有谁谈论《诗》《书》，就杀头；以古非今的要灭族；令下之后，30天内不烧书的要判罪。一时间，全国各地烈焰腾空，诸多先秦典籍就这样被大火吞没了。

除了焚书，秦始皇还坑儒。秦国统一之初，秦始皇东巡至泰山脚下，想要刻石歌颂秦朝功德、封禅祭祀山川，于是召集了齐鲁一带的儒生出主意，但都未能符合秦始皇心意，所以没有采用。秦始皇还下令不许儒生参加封禅，儒生非常不满。恰恰这次泰山封禅遇到了暴风雨，儒生以此来嘲笑讽刺秦始皇。这让秦始皇对儒生越发不满。

公元前212年，当秦始皇听说为自己寻找不死药的卢生等人逃走了，勃然大怒，他下命令捉拿他们，并且派人严查诽谤朝廷、惑乱民心的儒生、方士。

很快，凡是议论朝政的人都被抓了来严刑审问。有的儒生经不住拷打，就胡乱供出别人。就这样，最后确定违犯禁令的儒生竟达460余人。而这460多名儒生的结果就是生生被活埋。

这一刻，无数冤魂被埋葬，留给后人无尽的悲叹。

躲过大锤，算你走运

故事主角：张良

故事配角：秦始皇、名士仓海君、大力士等

发生时间：公元前 218 年

故事起因：张良因国恨家仇决定在古博浪沙刺杀秦始皇

故事结局：张良和大力士用铁锤砸错了车辆，秦始皇躲过一劫

公元前 218 年的一天，在古博浪沙（今河南原阳）上演了惊心动魄的一幕：一把重达 120 斤（约合现在 60 斤）的大铁锤，砸中了车队中最豪华的一辆马车，马车瞬间被砸扁。这次行刺"大新闻"的制造者，便是后来"汉初三杰"中的张良。

张良，出身贵族世家，其祖父和父亲都曾是战国时韩国的宰相，可到了张良这一代，韩国却被秦国一举攻破。张良也因此与秦国有了国仇家恨。所以，他一直在寻找刺杀秦始皇的机会。

张良先到东方拜见了当地名士仓海君，求他传授刺秦良方。张良在这趟旅程中遇到了一个大力士，这大力士力量非凡，彪悍无比。于是，张良便为这大力士量身定做了一把重达 120 斤的大铁锤。准备好行刺的工具后，张良便着手选定行刺的地点——最终选在了古博浪沙，这是秦始皇东巡的必经之路。

行刺的当天，张良和大力士先找了个隐蔽的地方藏起来，等待着秦始皇队伍的到来。不一会儿巨大的鸣锣声传来，车队从张良面前走过，车队的两边跟着大小官员。这是秦始皇的车队来了。按照君臣车辇（chē niǎn；泛指各种车辆）规定，天子驾六，而其他大臣只能坐用四匹马拉的车。因此，张良的刺杀目标是六驾马车。

可是，在队伍里根本没有六驾马车。最后，他只好从其中挑选了一辆最豪华的马车，将自己的运气都赌在这上面了。大力士见张良选定的马车已到眼前，便将手中的大铁锤奋力一扔。铁锤如同天雷一般对着那辆马车直劈而下，马车被砸得粉身碎骨。这时候，秦始皇的东巡队伍骚动了起来，士兵迅速搜捕埋伏在附近的刺客，张良和大力士趁乱钻进了芦苇丛中，成功逃离了现场。

令张良万万想不到的是，秦始皇命大，竟然没死。当然，那天坐在那辆马车里的人是死了，可不是秦始皇！秦始皇因多次遇刺，早有准备，所有车辇全部四驾，还时常换乘。张良很不幸地选择错了马车，错过了一次千载难逢的机会。

醒木一响，评书开场！

品茶听书，为你讲述有滋有味的大秦传奇；

真真假假，权且当茶余饭后的谈资……

今天，我要给大家讲的是——秦始皇泰山封禅！

秦始皇泰山封禅

封禅是古代帝王祭告天地的仪式，目的在于宣示"君权神授"。秦始皇统一六国后，自认为功绩胜过三皇五帝，为宣示"皇权神授"，展现自己的丰功伟绩，他决定到泰山封禅。

在当皇帝的第三个年头，秦始皇亲率文武大臣一路东巡。当他来到泰山脚下，召集了齐鲁一带的70个儒生当参谋、出主意。当他问到如何刻石颂秦功德、祭祀山川时，儒生们给出的答案五花八门。有的儒生说："据说古时候封禅，都是拿蒲草包裹车轮，以免伤害山上草木。"还有的儒生说："可扫出一块地当祭祀的场地，用草、秸秆编成席子，很容易办得到。"秦始皇听着大家的话很不高兴，这与他用封禅来展示自己雄心的期望相差甚远。他一生气，就贬退了儒生们。而后，他命人辟山修路，

从泰山的阳面登上峰顶，立石碑广颂功德。

因为遭到秦始皇的无视，又不被允许参加封禅活动，儒生们对秦始皇非常不满。恰恰这次泰山封禅的时候，出了一个小插曲，秦始皇在上山途中遇到了暴风雨。那些儒生正好有了话头，便以此嘲笑讽刺秦始皇，甚至否定其功德。

当秦始皇得知儒生们如此这般，很是愤怒，开始对儒生们怨恨起来，后来的"焚书坑儒"也与此有关。

知识补给站

秦始皇在历史上有哪些功绩？

秦始皇统一六国后，在中央创建了皇帝制度，地方上废除了分封制，而代以郡县制，同时统一了文字和度量衡。对外北击匈奴，南征百越，修筑万里长城，修筑灵渠。他还是首位完成华夏大一统的铁腕政治人物，建立了专制主义中央集权制度。

秦始皇为什么自称"始皇帝"？

上古三皇五帝，如羲皇伏羲、娲皇女娲、黄帝轩辕、炎帝神农等都不是真正的帝王，只是部落首领或部落联盟首领，其"皇"或"帝"号，为后人所追加。秦王嬴政统一了中国，认为自己"德兼三皇、功盖五帝"，因而创"皇帝"一词自称"始皇帝"。

你知道"万里长城"名字的由来吗?

　　早在春秋时期,为抵御北方游牧民族的侵略,楚国修建了一段长城。到了战国,燕、赵、秦等诸侯国更是大规模修建长城。秦统一六国后,秦始皇派人把北方各诸侯国所筑长城连结起来,西起临洮,东到辽东,绵延一万多里,这就是"万里长城"名称的由来。

你知道秦始皇陵的相关知识吗?

　　秦始皇陵,位于陕西省西安市临潼区城东 5000 米处的骊山北麓,是中国历史上第一座规模庞大、设计完善的帝王陵寝。据史料记载,秦始皇陵中建有各式宫殿,陈列着许多奇异珍宝。秦始皇陵四周分布着大量形制不同、内涵各异的陪葬坑和墓葬,已探明的有 400 多个,其中就包括"世界第八大奇迹"中的秦始皇陵兵马俑。

第**5**章

颠倒黑白的秦宫

有言在先

　　秦始皇忽然病死路上，赵高与李斯秘不发丧，在他俩的一顿"神操作"下，昏庸无能的胡亥，稀里糊涂地登上了皇帝宝座。在赵高的谋害下，胡亥的哥哥扶苏挥剑自杀，胡亥大肆杀戮兄弟姐妹。与此同时，蒙恬兄弟冤死狱中，甚至与赵高同流合污的李斯也被腰斩于市。无道的秦二世胡亥和贪婪残忍的赵高，将整个秦宫弄得乌烟瘴气、昏天暗地，上演了一场场血雨腥风、黑白颠倒的政治闹剧。

三个男人"一台戏"

故事主角：赵高、李斯、秦二世胡亥

故事配角：秦始皇、扶苏、蒙恬等

发生时间：公元前 210 年

故事起因：秦始皇死于第五次东巡路上，赵高和李斯密谋
篡改遗诏

故事结局：秦二世胡亥即位，胡亥哥哥扶苏被逼自杀

公元前 210 年，一心追求长生不老的秦始皇死在了第五次东巡的路上。大限将至前，秦始皇叫来了宠臣赵高，让他代写一道诏书传位于长子扶苏。但让秦始皇到死都意料不到的是，他的遗诏最后竟变成了"废弃物"，大儿子扶苏也自杀了。

诏书封好后，秦始皇便吩咐赵高火速派人发出，谁料赵高表面答应着，却暗中扣押了遗诏。赵高得知遗诏内容，便明白大位将要由扶苏来坐。此时他心里有个小算盘：太子扶苏与自己不是一路人，如果他当皇帝，自己的好日子可就到头了；但如果让秦始皇不成器的小儿子胡亥（hài）即位，那对自己可是大有好处。

在赵高扣下遗诏不久，秦始皇便归西了。秦始皇死亡的消息只有几个宠臣知道。丞相李斯得知消息后，怕一旦宣布了这个消息，很可能引发皇宫内部火拼，天下就会大乱，于是他选择秘不发丧。

很快，赵高来找李斯，向他直截了当地说出了自己的阴谋。李斯顿时吓了一跳，斥责赵高大逆不道。但赵高却说："如果扶苏即位，必然会让最信任的蒙恬来当丞相，这对你有什么好处呢？"听了这话，李斯心里不由得一哆嗦。在赵高的软磨硬泡下，李斯妥协了。

此时此刻，赵高、李斯和胡亥三个人站到了一起，三个男人的惊天大阴谋即将上演。

赵高和李斯先假借秦始皇之命，立胡亥为太子；又另外写了一份假诏书送往上郡，以"不忠不孝"的罪名赐扶苏与蒙恬自杀。扶苏见此，立即失声大哭。扶苏为父亲而哭，毕竟在父亲去世的时候都没能见上一面。扶苏也为自己而哭，自己奋战多年，竟然换来父亲这样的残忍决定。

当局者迷，旁观者清。这时候扶苏身边的蒙恬还算清醒，蒙恬认为这封诏书可能有假，希望扶苏能冷静一点。但是，此时的扶苏已经听不进任何话了。最后，在万念俱灰之下，扶苏毅然决然地挥剑自杀了。

扶苏死了，赵高最大的障碍就除掉了，赵高和李斯便立即下令队伍加速赶回咸阳，准备扶立胡亥即位。在赶回咸阳途中，秦始皇的尸体发出了阵阵恶臭。为掩人耳目，赵高和李斯便命人买来大批鲍（bào）鱼，令载送鲍鱼的车和秦始皇的车并驾而行，以此来掩盖秦始皇的尸臭味。就这样，在鲍鱼味道的掩盖下，秦始皇的死总算没被人发现。

在队伍回到咸阳的时候，李斯立即向天下宣布了秦始皇的死讯。隆重的葬礼之后，在赵高和李斯的帮助下，感觉像做梦一样的胡亥即位了，是为秦二世。这之后，因为胡亥昏庸透顶，秦国的朝政全部落到了赵高的手中。

蒙氏兄弟很无辜

故事主角：蒙恬、蒙毅

故事配角：赵高、胡亥等

发生时间：公元前 210 年

故事起因：赵高欲除掉蒙恬和蒙毅兄弟，秦二世最终听从了赵高的话

故事结局：蒙恬和蒙毅虽然忠肝义胆，但最终还是被赵高谋害狱中

昏庸的胡亥即位后，赵高便小人得志，顺杆而上，从一个小官跃升到中郎令，摇身一变成为秦国的核心人物。赵高认为蒙恬、李斯等人将是他的"克星"，他第一步要做的，就是拿蒙氏兄弟开刀。

蒙氏兄弟是指蒙恬和蒙毅。蒙氏兄弟出身于名将世家，有着雄厚的背景和实力。蒙恬曾伐齐、破匈奴、筑长城，早已成为秦国第一大将。而蒙毅是蒙恬的弟弟，和蒙恬征战沙场不一样，蒙毅选择了当一个文官，为人

光明磊落（形容人的行为正直坦白），忠肝义胆。当年赵高犯法的时候，就是蒙毅审的，因此赵高对其怀恨在心。此时此刻，他们两人已经严重地威胁到赵高的权力之路。

秦始皇去世后，蒙恬和扶苏在北方收到了赵高命二

你才应该是太子啊。

人自杀的假诏书，扶苏愤而自杀，但蒙恬觉得其中有诈，便上书复诉。赵高得知蒙恬还活着，便让李斯等人代替蒙恬掌兵，然后令人将蒙恬囚禁于阳周。

思来想去，赵高决定先从蒙毅下手。有一天，赵高来到胡亥面前，对胡亥说："我听说先帝早就想立您为太子，却一直被蒙毅劝阻。如果他知道您贤明有才却不让先帝册立您，那么，就是既不忠诚还**蛊惑**（gǔ huò；使人迷惑）先帝。以我的浅见，不如杀死他。"胡亥听从了赵高的话，就在代郡把蒙毅囚禁起来。

你是个聪明人。

在赵高的蛊惑下，胡亥派御史前往代郡，命令蒙毅说：“先主要册立太子而你却加以阻挠，如今丞相认为你不忠诚，就赐你自杀，也算是很幸运了。你好好地考虑吧！”

蒙毅不服，据理力争。但使者也是个小人，早从赵高那里收取了好处，他听都不听蒙毅的道理，毅然地将其处死。

蒙毅死后，赵高以连坐的理由请求胡亥把蒙恬也杀了。胡亥又派遣使者前往阳周，命令蒙恬说：“您的罪过太多了，您的弟弟蒙毅犯有重罪，牵连到了您。”蒙恬正义凛然地对来使说：“从我的祖先到后代子孙，为秦国屡立大功，已经三代了。如今我带兵30多万，即使我被囚禁，我的势力也足够叛乱的。然而，我知道必死无疑仍然坚守节义，是不敢辱没祖宗的教诲，不敢忘掉先主的恩宠。”蒙恬身为秦国世臣，自始至终都对秦国怀着忠义和信任。

最后，蒙恬知道再怎么说也无济于事，在使者的逼迫下，蒙恬只好服毒自杀。至此，秦国失去了两个栋梁，已经出现了危机。

李斯被腰斩了

故事主角：李斯

故事配角：胡亥、众大臣等

发生时间：公元前 208 年

故事起因：蒙氏兄弟死后，赵高决定铲除最后的威胁人物李斯

故事结局：赵高设计陷害李斯，李斯最终被腰斩于市

当蒙氏兄弟死后，位高权重的李斯就成为赵高唯一的心腹大患。论文才、韬略，赵高不是李斯的对手；若论耍阴谋诡计，十个李斯也玩不过一个赵高。眼看着农民起义的怒火烧起来了，而胡亥却每天饮酒作乐，根本不理朝政，李斯急得如热锅上的蚂蚁。

李斯每次求见胡亥，都被胡亥随便找个理由拒之门外。心急如焚的李斯脾气变得暴躁，他苦苦寻求面见皇帝的机会，却求之无门。李斯的慌乱，都让赵高看在眼里，他想以此给李斯设个死局。

赵高假模假样地把李斯请来，和他大谈农民造反的事。当谈到秦二世不作为时，赵高问李斯："现在反叛的盗贼如此嚣张，皇上却毫不关心。我本想劝一番，无奈位卑说不上话。丞相说话有分量，为何不进谏呢？"李斯苦笑着摇头说："我何尝没有想过。只是现在陛下常居

深宫，根本不给我机会啊。"赵高见李斯上钩，表面却不动声色道："只要丞相肯进言，我一定留心，瞅皇上有空闲，立即来禀报。"李斯对此感激不尽。

几天过后，赵高便派人前来通知李斯——皇上有空了。李斯急忙整理着装，赶到皇宫求见皇上。可当李斯赶到时，却正值胡亥玩得神魂颠倒的时候。当有人来报丞相求见，被打断的胡亥怒火中烧，恨不得亲手杀了李斯，但最终只是派人把他打发走。

过了不久，又有人奉赵高之命前来报告："皇上有空了！"李斯一听，又急急忙忙求见秦二世。如第一次一样，李斯又被打发走了。就这样来来回回折腾了好几次，李斯倒不嫌麻烦，可是胡亥烦透了。到了最后一次，当再传李斯求见的时候，胡亥彻底怒了。他对着赵高大骂李斯："李斯这老贼，竟敢拿朕寻开心！我闲着的时候他不奏事，偏在我宴饮时来坏我的兴致。这不是存心和我作对吗？"

赵高趁机说李斯有可能叛变，接着凑近胡亥耳边说道："陛下，李斯长子叫李由，此刻正担任三川郡守。他握有兵权，就那么几个螽（máo）贼，他为什么不让他儿子去剿灭，却老来陛下面前唠叨，分明是别有用心。还有传言说李由和陈胜有书信往来，不知是真是假。"在赵高的**怂恿**（sǒng yǒng；指从旁劝说鼓动别人去做某事，多用于贬义）下，胡亥就派人前去调查李由通敌一事。

几天后，起义声浪越来越大，李斯邀将军冯劫和右丞相冯去疾联名上书进谏。此举无异于引火烧身，令早已不满李斯的胡亥随便找了个借口将三人一举拿下。

公元前 208 年 7 月，李斯以谋反罪被送上了刑场。面对着大秦江山，李斯肝肠寸断。在一声"我肯定会看见贼人打到咸阳，麋鹿都能在宫殿上游荡"的哀叹后，李斯被施以**腰斩**（从腰部将犯人砍作两截）之刑。随着李斯的死，大秦帝国也走到了尽头。

秦宫上演搞笑剧

故事主角：赵高

故事配角：胡亥、众大臣等

发生时间：不详

故事起因：赵高在胡亥面前将鹿说成马，一些大臣反对

故事结局：赵高通过"指鹿为马"的试探，铲除了与自己
作对的人

　　一天在早朝上，赵高上奏秦二世，说要送给他一样
朝贺礼。秦二世一听，喜从中来，急忙问赵高是什么礼物，
有什么新奇之处。赵高一一道来，说这是一匹马，是一
匹长得很不一样的马。这些话说得秦二世心痒痒的，**按
捺**（àn nà）不住心里的好奇，命赵高赶快将礼物献上。

　　赵高随即令人将礼物带上朝堂，众人纷纷报以新奇
的眼光盯着大门，等待着这匹奇马的出现。待贺礼出现
在大门口时，引起一片哗然——这明明是一头鹿，怎么

说是马了？顿时，**窸窸窣窣**（xī xī sū sū；形容轻微细小的声音）的讨论声在朝堂上来回旋绕着。

面对众人的质疑，赵高无视，令人将贺礼抬到皇上面前，对秦二世鞠了一躬，很淡定地对秦二世说："这是马。"秦二世一看到眼前的鹿，愣了一下，心想这明明是鹿啊，这丞相可真爱开玩笑。于是秦二世笑着对赵

丞相，您说得对，这是一匹马。

高说："丞相你错了吧？这明明是鹿呀。"赵高听了这话，先是假装摆出不能理解的神色，然后转向大臣们，一脸正经地问他们眼前的这只动物是马还是鹿。

　　大臣们正在讨论着，赵高那浑厚的质问声在朝堂上响起，立即将这群细碎的议论声压了下去。臣子们个个都安静了下来，不知道该如何回答赵高。赵高面对着台阶下的众臣子，看着他们在自己面前一句话也不敢说，仿佛底下的这群人已经完全拜倒在自己之下，此时的自己已经成了一国之主，心中免不了兴奋，此时的他几乎要飘飘然了。

这就是鹿。

可就在赵高做着他的帝王梦时，忽然底下有反对的声音出现了。赵高在幻想中明明听到了有人说："这就是鹿！"如此掷地有声的回应将赵高拉了回来，令赵高不寒而栗。紧接着，又有几句一样的回应进入耳中，赵高感到心里五味杂陈。

大臣中有人察觉到赵高的不高兴，于是，"这是马"的声音也出现在了朝堂之上。就这样，"这是马"和"这是鹿"两种声音在朝堂上怼过来怼过去，像拉锯一样，也把坐在龙椅上的秦二世整糊涂了。看到如此滑稽的场面，秦二世竟然笑得前仰后合。

皇帝在笑，赵高可笑不出来。眼前的情景说明了大臣们对自己还是有很多反对的声音，看来，想要成功篡夺皇位，必须先把这些人铲除。于是，赵高令人偷偷记下了这些反对自己的人。

"指鹿为马"的闹剧收场了。但经过此事，所有敢对赵高说"不"的正直之臣，都被赵高害死了。

醒木一响，评书开场！
品茶听书，为你讲述有滋有味的大秦传奇；
真真假假，权且当茶余饭后的谈资……
今天，我要给大家讲的是——孟姜女哭长城！

孟姜女哭长城

　　相传在秦朝的时候，有一户姓孟的人家。孟家只有一位老公公和一位老婆婆，他们没有孩子。有一天，孟公公在院子里种下了一棵葫芦，葫芦藤长啊长啊，伸到了隔壁姜家的院子里，结了个大葫芦。葫芦一半在孟家，一半在姜家。两家一商量，决定把葫芦剖开，一家一半。剖开大葫芦一看，里面竟坐着一个白白胖胖的小姑娘，漂亮极了。孟公公和孟婆婆非常高兴，就认她做了女儿，给她起名叫作孟姜女。

孟姜女长大后，出落成了一个清秀美丽的姑娘。有一天，孟姜女在自家的花园里游玩，忽然一阵大风刮来，把她的手帕刮到了河里。孟姜女便捋（luō）起衣袖，伸到河里去捡手帕。刚捡起来，就发现大树后躲着一个人。她连忙问："你是谁？为什么偷看我？"

　　树后的人走了出来，原来是一个英俊的青年公子。他向孟姜女行了一礼，说道："小姐不要惊慌，我姓范，名叫范喜良。秦始皇修筑长城，我因为怕被抓到，才从家里跑出来的。我跑到这里，原来这里也在抓人。我一着急，就进了这个花园，藏了起来。不是故意偷看的。"

　　孟姜女听他说得合情合理，便说道："范公子，现在你已经看到了我的肌肤，我就不能再嫁给别人，只能嫁给你了。你可愿意？"

　　他们于是向孟公公和孟婆婆说了这件事。老两口也十分高兴，就选了一个良辰吉日，让范喜良和孟姜女成亲了。可刚成亲，范喜良就被秦兵抓走了。范喜良自打走了以后，音讯全无。孟姜女整天哭啊、盼啊，可是盼了一年，仍然一点消息也没有。转眼到了冬天，孟姜女做好了寒衣，要去长城找范喜良。老两口怎么劝也劝不住，只好让她去了。

孟姜女知道长城在遥远的北方，她就一直往正北走，不知翻过了多少山，越过了多少河，终于到了长城脚下。孟姜女挨个找，却始终没见到丈夫的身影。不知问了多少人，她总算找到一个邻村被拉来的民夫，她连忙问："您见到范喜良了吗？"民夫哽咽着说："范喜良上个月就已经累死了！"

孟姜女听了，脑袋里嗡的一声，随即晕了过去。她醒来以后，放声痛哭。她哭了三天三夜，只听轰的一声，长城倒塌了一大段，里面露出斑斑白骨。她扑了过去，抱着他的尸骨哭得死去活来。

秦始皇听说长城被哭塌了一大段，就带着人马来到长城脚下，要亲自处置孟姜女。可他看到孟姜女长得这么漂亮，就改变了主意，逼着孟姜女嫁给自己。孟姜女想报仇，她强忍悲痛对秦始皇说："要我答应嫁给你也行，但你要答应我三个条件。" 秦始皇一听，喜出望外，说："你说吧，我什么都答应你！"

孟姜女说："第一，我要你给我丈夫立碑、修坟，用檀木棺椁装殓下葬；第二，我要你为我丈夫披麻戴孝；

第三，我要去海边游玩。"秦始皇都一一答应了。

几天以后，范喜良的墓修好了，秦始皇披麻戴孝，亲自为他送葬。送完葬后，秦始皇和孟姜女来到了大海边上，孟姜女在海边走着，趁秦始皇一个不注意，她纵身一跃，跳进了大海。

秦始皇急了，他连忙派人打捞孟姜女，但哪里还找得到孟姜女呢？孟姜女就这样被海水冲走了。也有人说，孟姜女被仙人救起来，接到天宫里去了。

知识补给站

秦国战功赫赫的名将都有谁？

在秦国历史上，先后出现了白起、王翦、蒙恬、章邯等著名战将。白起担任秦国将领 30 多年，歼灭近百万敌军，被封为武安君；王翦是秦始皇兼灭六国的最大功臣之一；蒙恬被誉为"中华第一勇士"；章邯在秦二世时曾率秦军击败多支反秦军队。

李斯对秦的贡献主要有哪些？

在秦统一六国和统一后的战略制定上，李斯作出了突出贡献。其一，秦始皇下令驱逐客卿，李斯的《谏逐客书》使秦始皇收回命令，为秦留住了大量人才；其二，作为政治家和军事战略家，李斯是秦灭六国战略的主要制定者和执行者之一；其三，秦统一六国后，李斯谏言秦始皇实行郡县制，促成了大一统国家的建立。同时，他提出并亲自执行了文字、度量衡、货币等的统一。

琵琶最早出现在哪个朝代？

琵琶是历史悠久的一种常用弹拨乐器，已有两千多年的历史。秦朝时，在民间盛行着一种圆形的、带有长柄的乐器。弹奏这种乐器主要有两种方法：向前弹叫"批"，向后挑起叫"把"，当时人们就把它叫作"批把"。后来，为了与当时的琴、瑟等乐器在书写上统一起来，便改称"琵琶"。

赵高"指鹿为马"的具体目的是什么？

赵高通过将鹿说成马，一是要故意向胡亥示威。当时的赵高已经总揽朝政，胡亥的势力已经被架空，赵高就是想通过颠倒黑白来让胡亥看清现状和形势；二是赵高通过这出闹剧，要找出那些反对他的大臣，打压并将他们彻底铲除。

第6章

大秦走到了终点

有言在先

　　胡亥当了皇帝，朝政混乱黑暗，百姓苦不堪言，整个大秦帝国上下一片昏天暗地。公元前209年，随着一声"王侯将相，宁有种乎"，陈胜、吴广最先在大泽乡发动农民起义，掀起了推翻秦国的起义风暴。紧接着，原六国旧贵族亦乘机起兵，各地反秦势力如燎原之火，熊熊燃起。最终，项羽和刘邦联手给予秦国最后的"致命一刀"，屹立几百年的秦国，最终走向了灭亡。

起义是唯一出路

故事主角：陈胜、吴广

故事配角：被征调的农民

发生时间：公元前 209 年

故事起因：一队穷苦农民被征发去驻防，路遇暴雨延期而面临死罪

故事结局：陈胜、吴广在大泽乡带头起义，开始了推翻暴秦的征程

公元前 209 年 7 月，900 位贫苦农民被征调戍（shù）守渔阳（今北京密云）。陈胜、吴广被任命为小队长。他们日夜兼程赶往渔阳。

当他们走到蕲（qí）县大泽乡（今安徽宿州市东南）的时候，天公不作美，忽然下起了大雨。道路被洪水阻断，无法通行。大伙儿眼看抵达渔阳的期限将近，急得不知如何是好。按照秦朝的律法，叫你什么时候到达什么地方，你就得按时到达，误了日期，就要砍脑袋。

在生死存亡的危急关头，小队长陈胜、吴广一起商量起来。陈胜说："如今我们如果逃走，抓回来是死；如果起来造反，大不了也是死。怎么都是死，还不如拼出一条生路呢！"

吴广认为陈胜说得有道理，便决定跟着陈胜豁出去了。只有两人还不行，怎么号召大家一起造反呢？当时的人们很迷信，除了假借扶苏等人的名义外，还得采用装神弄鬼的办法，这样大家才能死心塌地跟着干。他们为此想出了好办法。

伙夫上街买鱼回来，剖开一条鲤鱼的时候，在鱼肚子里发现一块绸子，绸子上用朱砂写着"陈胜王"三个字。这件事一下引起了轰动，众人都认为是老天爷的旨意，原来陈胜是个真命天子呀！

与此同时，陈胜又让吴广潜伏到营地附近一座荒庙里，半夜里在寺庙旁点燃篝（gōu）火装作鬼火，模仿狐狸的声音，大声呼喊"大楚兴，陈胜王"。正在睡梦中的众人被惊醒，十分惊恐害怕。第二天大家交头接耳，都指指点点地看着陈胜，加之陈胜平时就待下属热情和气，陈胜在大家心中的威望就更高了。

过了几天，陈胜和吴广带领着一大帮人，趁押送他们的军官喝醉了酒，故意去要求释放他们回家。军官一听，又急又气，先抽打了吴广几鞭子，接着又拔出剑来要杀吴广。这时大伙儿一拥而上，陈胜乘机杀死了军官。

陈胜、吴广杀死了军官，大伙儿都出了一口恶气。看到大伙儿很齐心，陈胜、吴广就决定立即起义。他们派人上山砍树木、竹竿作为武器。然后，用泥土垒成平台，作为起义誓师的地方。还做了一面大旗，旗上绣了大大的"楚"字。陈胜自立为将军，吴广为都尉。

很快，这支军队凭着过人的气势一举拿下了大泽乡，紧接着又迅速攻下了其他县城。陈胜、吴广起义的消息很快传开，穷苦的老百姓扛着锄头、铁耙、扁担，纷纷赶来加入起义军，起义军一下子壮大了。至此，中国历史上第一次大规模的农民起义爆发了。

一个好汉三个帮

故事主角：项梁、项羽、刘邦
故事配角：萧何、曹参、民夫们等
发生时间：公元前 207 年
故事起因：项梁和侄子项羽率兵反秦，刘邦也加入进来
故事结局：立熊心为楚怀王，起义军得以不断壮大

　　陈胜、吴广起义，一石激起千层浪，各地的起义风暴瞬间刮了起来。很快，大半个秦国一下子乱了起来。

　　看着起义越闹越大，项梁和侄子项羽也没有闲着，他们在南方会稽（kuài jī）郡也拉起了一支强大的起义队伍。项梁是楚国大将项燕的儿子，秦国大将王翦攻灭楚国的时候，项燕兵败自杀，项梁心中始终憋着仇恨的怒火。他的侄儿项羽身材魁梧，力大无比，跟自己学了不少本领，是个带兵打仗的好材料。

　　项梁本是下相（今江苏宿迁）人，因为跟人结了仇，

躲避到会稽郡吴中来。他能文能武，吴中的年轻人都很佩服他，项梁教这些年轻人学兵法、练本领。这时，他们听说陈胜起义，觉得是个建功立业的好机会，就杀了会稽郡守，占领了会稽郡。不到几天，就拉起了一支

八千人的子弟兵队伍。

项梁、项羽带着八千子弟兵渡过长江，接着又渡过淮河，向北进军。一路上又有各地的起义队伍来投奔项梁。

第二年，"小混混"出身的刘邦也带着一支队伍，来投靠项梁。

刘邦是沛县（今江苏沛县）人，在秦朝做过亭长（秦朝十里是一亭，亭有长，掌理捕劾盗贼）。有一次，他押送一批民夫到骊（lí）山做苦工，在路上，每天都有民夫跑掉，刘邦想管也管不了。如果再这样下去，刘邦也交不了差，弄不好还得掉脑袋。

一天，刘邦把民夫们叫到一起，对大家说："你们到骊山去做苦工。累不死也得被打死；就算不死，也不知道哪年哪月才能返回家乡。我现在放你们走，大家各自找活路吧！"

129

民夫们非常感激刘邦，当时就有十几个民夫愿意跟着他走。刘邦就带着这些人逃到芒砀（máng dàng）山躲了起来。

沛县的文书萧何和监狱官曹参知道刘邦是个好汉，都愿意与他交好。后来，萧何和沛县城里的百姓杀了县官，让人到芒砀山把刘邦接回来，请他当沛县的首领，大家称他"沛公"。

刘邦投靠项梁后，项梁见刘邦是一个人才，就拨给他人马。从此，刘邦成了项梁的部下。

这时各地起义军的领导权都落在六国旧贵族手里，他们争夺地盘，彼此攻伐。秦国的大将章邯（hán）、李由觉得这是一个机会，想趁机把起义军各个击破。

面对这种形势，项梁开始整顿队伍。为了增强号召力，项梁听了谋士范增的建议，立楚怀王的孙子——已躲避乡野的熊心为楚王。因为楚国人怀念楚怀王，大家就把他的孙子仍称为楚怀王。至此，起义军打着楚国的旗号继续反抗秦朝。

我的战场我做主

故事主角：项羽

故事配角：章邯、宋义、赵王歇、王离等

发生时间：公元前 208 年

故事起因：项羽除掉宋义而成为上将军，以背水一战的决
心进攻巨鹿

故事结局：经过数次进攻，项羽在巨鹿大败秦军，秦将章
邯最终投降

公元前 208 年，项梁在定陶不幸战死。秦国大将章
邯认为楚军必定伤了元气，就带领秦军北上进攻**赵国**（非
战国时的赵国，是新建立的政权）。赵王歇吓得逃窜到
巨鹿（今河北巨鹿），坚守不出。

章邯派秦将王离包围了巨鹿，自己率大军驻扎在巨
鹿南面的棘原。为了给王离军运送粮草，他在棘原和巨
鹿之间修了一条粮道。

赵王歇一面守城，一面派人向楚怀王求救。为替叔父项梁报仇，项羽主动请缨。楚怀王就任命宋义为上将军、项羽为次将，率领大军救援赵国。

公元前 207 年 10 月，宋义和项羽率领楚军开到安阳。

当时，巨鹿的赵军已经危在旦夕，可是宋义却因害怕一直停留在安阳，迟迟不肯进军。这可急坏了项羽。

项羽对宋义说："现在军营里粮食不多了，将军却按兵不动，天天喝酒作乐，对得起国家和兵士吗？"宋义不但不听，还下命令：如有不服从指挥的立即斩首。

一天清晨，项羽趁参见宋义的时候，拔剑杀掉了宋义，然后告知全军，说宋义意图谋反，自己已按楚怀王的密令将他处死。楚怀王知道后，也只得正式任命他为上将军。

公元前207年12月，项羽指挥楚军北上，向巨鹿进发。他先派人率领两万人做先锋，渡过漳（zhāng）水，切断秦军运粮通道，然后自己领数万楚军渡过滔滔漳水，向北岸的秦军营地进发。

过了河，项羽命令将士，每人带三天的干粮，把军队里做饭的锅砸掉，把渡河的船凿沉。然后对将士说："咱们这次打仗，没有回头路，三天之内，一定要打败秦军。"

这时的楚军，前面是几十万秦军主力，后面是波涛汹涌的漳水。一旦战败，就会陷入绝境。楚军将士明白，只有全力击败秦军，才能绝地求生。项羽的决心和勇气，对将士起了很大的鼓舞作用。楚军把王离的军队包围起来，经过九次激烈战斗终于打退了章邯，活捉了王离。

项羽率军进攻秦军的时候，前来援赵的各路诸侯军的将领都在观战。项羽打败秦军后，立即召见他们。这些人个个胆战心惊，进入项羽的大营之后，都**膝行**（双腿跪着向前挪动）而前，头都不敢抬。项羽从此成为诸侯军中的上将军，各路诸侯都归他统帅。

巨鹿之战后，项羽立即引兵南下，进攻章邯率领的秦军主力。几次交手后，章邯决定投降项羽，秦军主力部队就此被瓦解。

死是最好的安排

故事主角：赵高

故事配角：秦二世胡亥、阎乐、赵成、子婴、韩谈等

发生时间：公元前 207 年

故事起因：赵高发动叛乱杀掉秦二世胡亥，想篡权当皇帝

故事结局：赵高未能实现皇帝梦，最终被秦王子婴设计铲除

公元前 207 年，章邯兵败投降后，秦二世整日睡不着觉，每天都提心吊胆地活着。此时的他脑袋有些开窍了，在深深自责的同时，也看出了赵高的险恶。秦二世越想越不甘心，最后，他竟然派人去质问赵高。

为逃避秦二世的问责，赵高便整天装病不上朝。赵高心想，与其这样，不如先下手为强，杀掉他。想到这里，赵高开始挑选"做案"人选，他找来了自己的女婿阎（yán）乐，和他一起商量对策。他们最后决定，由咸阳令阎乐率领手下士兵装扮成山东农民军攻打望夷宫，然后让郎中令赵成在宫内做内应，而赵高则是"总指挥"。

为了提前造势，他们利用赵成在宫内散布谣言，说咸阳城内有盗贼，然后令阎乐领兵出去追击。阎乐将宫内的大部分军队带了出去，致使宫内防守空虚。而后，阎乐立即命令他的几千亲兵，化装成农民军回过头来直

逼望夷宫。来到宫门前时，阎乐大声斥责守门官为何放盗贼进入。守门官还云里雾里之际，已被一刀斩杀。守门官一死，阎乐带领士兵呼啦啦地直入望夷宫，逢人便砍，一时间，宫廷里尖叫四起，血肉四溅。秦二世哪见过这场面，早已被吓得双腿发颤，难以站立。全身瘫软的他只好躲在房间里对天祈祷。很快，阎乐和赵成带

我不要做皇帝，只想活着。

着士兵闯进来。这时候，秦二世才知道自己被"套路"了，这是赵高策划的宫廷政变！但一切都太晚了。

胆小的秦二世不想死，他答应阎乐不做皇帝，只做个一郡之主，求阎乐放他一条生路，阎乐拒绝了。秦二世见求饶没用，只好在阎乐等人的逼迫下自杀而亡。

秦二世死了，赵高欣喜若狂，立即赶到宫内搜寻玉玺。拿到玉玺之后，赵高立即召集大臣，企图仰仗自己也有赵氏血统，准备向众臣宣布登基。但对于赵高篡位，大家都用无声来抗议。

赵高一看形势不对，只好临时改变主意，他找来子婴，将玉玺传给了他。而子婴也知道自己被赵高迎立，不过是一颗"棋子"。想来想去，子婴更愿意先斩杀赵高来一解心头之恨。于是，子婴便与自己的贴身宦官韩谈商定斩除赵高的计划。

赵高要子婴在登基前先斋戒五天。可是五天过去，子婴却称病不动。赵高无奈，只好自己亲自前往探望。等赵高一到，韩谈便立即亮出兵器，一刀将赵高砍了。至此，这位阴险的政客，最终死在了自己的权欲之下。

秦朝倒在了废墟里

故事主角：刘邦、项羽、子婴

故事配角：张良、郦食其、陆贾多、樊哙、曹无伤等

发生时间：公元前 207 年

故事起因：秦王子婴迫于刘邦大军进驻灞上而选择投降，秦朝灭亡

故事结局：项羽进入咸阳城后杀死子婴，纵火焚烧了秦宫

公元前 207 年，面对起义军的疯狂而来，秦王子婴派五万兵马固守武关。对于刘邦来说，如果正面硬碰硬，着实有些吃亏。张良就给刘邦出了个计谋——派兵在武关附近的山头插上无数的旗子，迷惑秦兵；另派将军周勃带领全部人马绕到武关东南，从侧面打进去。这一下，果然打中秦军"七寸"，刘邦大军没费吹灰之力就攻下了武关。

闯过了头道关，还有二道关——峣（yáo）关。此关

是"一夫当关，万夫莫开"的险要之地。此时的刘邦来了急脾气，硬着头皮就要发兵攻打。张良连忙阻止说："沛公您千万不要着急。秦朝的军队现在还强大，不可轻视它。我听说峣关守将家里是卖肉的。屠夫、商人子弟，是最容易被财物所利诱的。您先不要动，派一伙人伪装成五万人的规模，大张旗鼓地慢慢向峣关进发，同时在山林里多设几处疑兵。然后再让郦食其（lì yì jī）和陆贾多带金银财宝去收买峣关守将。有疑兵做威胁，有财宝做诱惑，应该能达到不错的效果。"

刘邦顿时来了精神，便派陆贾和郦食其两位"公关"人才去办此事。两人到了峣关，巧舌如簧（形容花言巧语，能说会道，含贬义）地一番游说，守将果然上当，表示愿意降楚、跟着刘邦一起打咸阳。

刘邦得到好消息，想马上接受峣关守将的投降。张良又阻止说："峣关守将愿意投降，这只是他个人的意思。我看他下面的士兵恐怕大多不愿意投降。如果士兵们不肯，我们冒冒失失跑去接管，会吃大亏的。不如趁他们将士离心、主将失去警惕的时候，咱们立即进攻，必能大获全胜。"刘邦对张良言听计从，果然轻松拿下峣关。

刘邦攻破峣关之后，军队很快抵达灞（bà）上。在咸阳城的子婴听到刘邦进驻灞上，感到非常震惊。

此时，秦国的群臣百官跑的跑、降的降。不久，刘邦派人劝子婴投降。子婴眼看大势已去，便用绳子将自己捆绑了起来，坐上白色马车，穿着葬礼时所穿的白色装束，带着皇帝御用的玉玺和兵符，来到刘邦军中请降。秦朝至此灭亡。

火急火燎的项羽在消灭秦军主力后，便率军急匆匆地向关中挺进，行至函谷关时，却发现有兵守关而无法通过，又听说刘邦已攻破咸阳城，他火冒三丈，派当阳君攻破函谷关，40万大军驻扎于新丰鸿门。此时，刘邦阵营中的左司马曹无伤派人向项羽告密，说刘邦想在关中称王，用子婴为相，独吞全部珍宝。项羽听了，又是一阵肝火大动。

一个多月后，项羽领兵进入咸阳城，竟然屠杀咸阳城百姓，杀死秦王子婴，据说还纵火焚烧了大秦宫室，秦朝几百年的家业被烧了个精光。

刘邦斩白蛇

传说刘邦做泗（sì）水亭长的时候，需要押送一批苦役去给秦始皇修骊山陵。

刘邦押着苦役启程了。一路上苦役们逮住机会就开溜，没走出多远，人也跑得差不多了。刘邦暗自琢磨："看这阵势，等到了咸阳，就剩我一个人了，怎能得好？看来我这个亭长当到了头，也得逃命了。"

逃，也得会逃。像之前逃走的那些苦役，单打独斗，没法生存，十有八九还得被抓住。要跑就得多带几个人，拉起一支队伍，找个地形有利的山头做山贼。于是，刘邦眼珠一转，计上心来。

　　这一天晚上，刘邦买了酒菜，把剩下的几十人召集到一起聚餐。酒过三巡，菜过五味，刘邦站起来讲道："各位壮士，这一路上不少人都跑了，也就你们够义气，没撇下我一个人。人已经跑了不少，就算带你们到了咸阳，咱们也都没好日子过。既然如此，咱们干脆都逃命去吧！"

看剑！

刘邦一发话，大家纷纷逃命，只剩下十多个人愿意追随刘邦。刘邦对这些人热情笼络，酒足饭饱之后连夜赶路，寻找安身之所。

此刻，因为对道路不熟，刘邦派出一个人探路，自己则倚着石头，一边醒酒一边等消息。

正在此时，探路的人慌慌张张跑了回来报告说："前边走不了了。我去探路，看见有一条蟒蛇横在路上，非常粗，有好几丈长，要不是我发现得早，就被它一口吞了。咱们换条道走吧！"

听探路的人一番描述，众人心里都害怕了，都劝刘邦调头另找道路。刘邦的胆子说小不小，可也没多大。要在平时，听说前边有蟒蛇拦路，刘邦早就避得远远的。可此时借着酒劲，刘邦胆子大了许多："没出息！堂堂男子汉，还能被一条蛇挡住？"

说完，刘邦"锵"的一声拔出佩剑，迈着歪歪斜斜的步伐冲了出去。没走多远，果然有一条蟒蛇横在路上，大概是刚吃饱，正在消化。刘邦没给蟒蛇任何机会，一时间也顾不上找蛇头，举起宝剑向蛇身用力一砍，蟒蛇当即被砍为两截。

刘邦斩蛇之后继续往前赶了几里路，实在不胜酒力，躺在地上睡着了。跟着刘邦的十几个人不见刘邦回来，就一起去寻。寻到刘邦斩蛇的地方，看见一个老太太坐在那儿呜呜哭。有人就问："你在这儿哭什么呢？"老太太一边哭一边说："有人把我儿子杀了，我能不哭吗？"有好打听的问："怎么回事，跟我们说说？"老太太回答："我儿子不是一般人，是白帝的儿子。他今天变成一条蛇挡在路上，结果被赤帝的儿子给杀了！"众人不信，正要拆穿，老太太竟突然不见了。

后来众人找到刘邦，便把所见所闻告诉了刘邦。刘邦一听，心中不免大喜。因为这件事，大家对刘邦更加崇拜起来。

知识补给站

秦将章邯投降项羽的主要原因是什么?

　　巨鹿之战后秦军撤退,秦二世派人责备章邯。章邯派长史司马欣去打探消息。哪知司马欣一到咸阳,却立即被赵高派人捉拿,最后司马欣从小路逃回。逃回后,司马欣便将咸阳所遇之事告诉了章邯,此时的章邯内心失望到了极点。章邯军后来又连续遭受了几次大败,章邯只能选择投降。

你知道"破釜沉舟"的成语典故吗?

　　《史记》记载,项羽与秦兵打仗,领兵过河后就把锅打破,把船凿沉,只带着三日的干粮,表示不胜利不回还。项羽的决心和勇气,对将士起了很大的鼓舞作用。楚军个个士气振奋,一以当十,越战越勇,终于把秦军打得大败而逃。后世就用"破釜沉舟"来比喻下定决心彻底干一场，不达目的决不罢休。

秦腔是怎么形成的？

秦腔发源于古代陕西、甘肃等地，历经各朝各代的艺术家反复锤炼、创造，逐渐形成。古时陕西、甘肃一带属秦国，所以称"秦腔"。因为早期秦腔演出时，常用枣木梆子敲击伴奏，故又名"梆子腔"。

项羽为什么被称作"西楚霸王"？

项羽在巨鹿打败章邯，消灭秦军的主力，楚怀王任命项羽为"上将军"。秦国灭亡后，项羽将都城设在彭城，而彭城属于西楚地区，因此项羽自称"西楚霸王"。